Entraînement

À plus! 1

Französisch für Gymnasien

Klassenarbeitstrainer für Schülerinnen und Schüler

mit Musterlösungen

Cornelsen

À plus! 1
Klassenarbeitstrainer für
Schülerinnen und Schüler

Im Auftrag des Verlages erarbeitet von
Sonja Bongratz, M.A., Catherine Jorißen (Texte), Andrea Nett, M.A., StR Erik Wagner,
OStR Dr. Hanno Werry

und der Redaktion Französisch
Corinna Martin-Werner, Monika Schulze

Beratende Mitwirkung: Dr. Martin Braun (Nürnberg), Friederike Leist (Tübingen),
Antje Wolter (Burgwedel)

Illustration: Laurent Lalo
Umschlaggestaltung: Katrin Nehm
Layout und technische Umsetzung: graphitecture book, Rosenheim

www.cornelsen.de

1. Auflage, 6. Druck 2012

Druck: Druckhaus Berlin-Mitte GmbH

ISBN 978-3-06-520004-2

Inhalt gedruckt auf säurefreiem Papier aus nachhaltiger Forstwirtschaft.

Inhaltsverzeichnis

Du hast dein Lösungsheft verloren?
Kein Problem! Geh auf www.cornelsen.de/webcodes
und gib folgenden webcode ein:
APLUS-1-KAT
Dort findest du dein Lösungsheft zum kostenlosen Download.

VORWORT

Dein Klassenarbeitstrainer soll dir dabei helfen, dich in diesem Schuljahr auf die Klassenarbeiten im Fach Französisch gut vorzubereiten. Du findest zu jeder der sieben Unités deines Buches zwei Übungsklassenarbeiten (Klassenarbeit A und Klassenarbeit B).

Jede Klassenarbeit besteht aus vier Teilen.

Klassenarbeit A
- Compréhension écrite (Leseverstehen)
- Grammaire (Grammatik)
- Vocabulaire (Wortschatz)
- Production de texte (Textproduktion)

Klassenarbeit B
- Compréhension orale (Hörverstehen)
- Grammaire (Grammatik)
- Vocabulaire (Wortschatz)
- Production de texte (Textproduktion)

An einigen Stellen weichen die Klassenarbeiten von dieser Gliederung ab. So gibt es in den ersten beiden Unités jeweils eine Aufgabe zur Aussprache (Prononciation), in Unité 3 und 5 je eine Aufgabe zu den Zahlen (Les nombres), in Unité 1 und 4 eine Übung zu den Redemitteln (Qu'est-ce qu'on dit?). Zusätzlich gibt es am Ende jeder Klassenarbeit B ein Hör- und Sprechtraining (Entraînement à l'expression orale, s. S. 5).

Compréhension écrite

Hier findest du einen Lesetext mit Aufgaben, in denen du zeigen sollst, dass du den Text verstanden hast. Lies ihn dir zweimal in Ruhe durch und bearbeite dann die Aufgaben.

Compréhension orale

Die Texte der Hörverstehensaufgaben befinden sich auf der Audio-CD, die auf der hinteren Umschlagseite eingeklebt ist. Bei den Höraufgaben findest du die Track-Nummer des jeweiligen Hörtextes. So kannst du den Text schnell und problemlos anwählen. Höre dir für die Bearbeitung der Hörverstehensaufgaben den Text zweimal an. Beachte die Arbeitsanweisungen. Schaue dir bereits vor dem Hören die Aufgabenstellungen an.
Der Hörtext ist in dem eingelegten Lösungsheft abgedruckt. Das Inhaltsverzeichnis der CD befindet sich auf S. 72.

Grammaire

Unter dieser Überschrift findest du in jeder Klassenarbeit mehrere Grammatikaufgaben. In Unité 1–4 findest du vor allem Aufgaben, die nur ein bis zwei grammatische Erscheinungen beinhalten. Die letzten Unités beinhalten auch Aufgaben, die mehr als zwei grammatische Schwierigkeiten kombinieren. Der Schwierigkeitsgrad der Grammatikaufgaben wächst also mit deinen Französischkenntnissen.

Vocabulaire

Bei diesen Aufgaben sollst du zeigen, dass du den neuen Wortschatz der jeweiligen Unité sicher beherrschst. Er wird in Form von Lückentexten, Kreuzworträtseln oder mit Hilfe von Bildern abgefragt.

Production de texte

Bei diesen Aufgaben kannst du üben, eigenständig einen Dialog, einen Bief oder eine kleine Geschichte zu verfassen. Dabei sind dir französische Ausdrücke oder deutsche Sätze als Orientierung vorgegeben. In manchen Aufgaben (z. B. Unité 5, Klassenarbeit B) übernimmst du die Rolle eines Dolmetschers. Hier kommt es darauf an, den Sinn des Gesagten wiederzugeben. Es geht also nicht um eine wörtliche Übersetzung.
Wenn du deinen Text geschrieben hast, solltest du ihn selbst noch einmal Korrektur lesen. Dabei kann dir die „Fehlersuchliste" von S. 71 helfen. Lies deinen Text mehrmals durch. Achte auch darauf, dass du alle Sätze oder Ausdrücke der Aufgabenstellung berücksichtigt hast.

Entraînement à l'expression orale: comprendre et reproduire

Diese Aufgaben sind **Hör- und Sprechtraining** zugleich. Du findest sie jeweils am Ende der Klassenarbeit B. Nachdem du dich im ersten Teil der Höraufgabe auf den Inhalt des Gesprochenen konzentriert hast, ist es nun wichtig, dir bewusst zu machen, mit welchen sprachlichen Mitteln dies umgesetzt wird. Deshalb hörst du den Text auf der Audio-CD noch einmal, jetzt aber mit Pausen, in denen du einzelne Passagen nachsprichst. Um korrekt nachzusprechen, musst du ganz genau hinhören, wahrscheinlich viel genauer, als du das beim normalen Hören tust. Wenn ein französischer Muttersprachler schnell spricht, verbindet er viele Wörter miteinander, sodass es nicht leicht ist herauszufinden, wann ein Wort endet und das nächste beginnt. Außerdem werden im gesprochenen Französisch Wörter und Sätze oft verkürzt: So wird z. B. das -e am Ende eines Wortes meistens nicht gesprochen und bei der Verneinung das ne weggelassen. Das genaue Hinhören in dieser Übung hilft dir, diese sprachlichen Realisierungen wahrzunehmen und auch auf die Satzmelodie zu achten. Mit dem Training des Nachsprechens von Äußerungen wirst du lernen, allmählich so zu sprechen, wie es französische Muttersprachler tun. Diese Übung hilft dir auch, neu erlernte Vokabeln und die Grammatik besser zu behalten und spontan anzuwenden. Du wirst lernen, flüssiger zu sprechen und ein „Gefühl" für Situationen bekommen, in denen du bestimmte Ausdrücke und Strukturen verwendest. Um dir bewusst zu machen, aus welchen Elementen diese Äußerungen bestehen, schreibst du die Passagen, die du nachgesprochen hast, anschließend auf.

Wie übst du mit dem Klassenarbeitstrainer?

Übe mit dem Klassenarbeitstrainer regelmäßig und rechtzeitig. Sobald ihr im Unterricht eine Unité abgeschlossen habt, kannst du die entsprechenden Übungsklassenarbeiten bearbeiten.

Wie arbeitest du mit dem Klassenarbeitstrainer?

Wenn du deine Klassenarbeiten selbst korrigierst, nimm das Lösungsheft zur Hand und vergleiche deine Arbeit mit den Lösungen. Mit einem farbigen Stift unterstreichst und korrigierst du deine Fehler und ergänzt die fehlenden Elemente. Bei den Aufgaben zur Compréhension écrite suchst du im Lesetext noch einmal gezielt die Textstellen heraus, auf die sich die Fragen beziehen, die dir Probleme bereitet haben. Bei den Aufgaben zur Compréhension orale vergleichst du dann den Hörtext mit der von dir korrigierten Lösung und achtest genau auf die Textteile, die für die Lösung der entsprechenden Frage notwendig sind. Außerdem helfen dir die Übungen zum Entraînement à l'expression orale, relevante Textpassagen und wichtige Ausdrücke aus den Hörtexten genau zu hören und nachzusprechen.

Wie kannst du künftig Fehler vermeiden?

Damit du die Fehler, die dir in der Übungsklassenarbeit unterlaufen sind, in der wirklichen Klassenarbeit nicht wiederholst, ist es wichtig, dass du sie verbesserst bzw. den Stoff wiederholst.

Compréhension écrite

Gleiche nochmals den Text mit den Aufgaben ab. Suche die Textstelle, die die jeweilige Information enthält.

Compréhension orale

Folgende Hinweise können dir helfen, dein Hörverstehen zu verbessern:

- Lies vor dem ersten Hören die Aufgaben, die du zu dem Hörtext bearbeiten sollst.
- Ist in der Aufgabenstellung bereits eine Situation angedeutet, überlege dir (auf Deutsch), worum es in einer solchen Situation gehen könnte bzw. was die Personen sagen könnten (z. B. in einem Gespräch zwischen Verkäufer und Kunde).
- Beim ersten Hören solltest du darauf achten, wie viele und welche Personen sprechen und wo sie sich befinden. Du solltest also nicht gleich versuchen, zu viele Einzelheiten zu verstehen.
  Auch der Klang der Stimmen und die Geräusche können dir Informationen liefern.
- Höre den Text mehrmals und du wirst feststellen: Bei jedem Mal wirst du mehr verstehen!

Grammaire

Stellst du fest, dass du bei einem bestimmten Grammatikstoff noch Schwierigkeiten hast, solltest du dir mit Hilfe der Repères im Schülerbuch und des Grammatikheftes noch einmal die Regeln vergegenwärtigen. Bearbeite (nochmals) die Bilans autocorrectifs im Carnet d'activités. Die Kommentare der Lösungen (Carnet, S. 90–96) geben dir Hinweise, wie und mit welchen Übungen du den jeweiligen Stoff wiederholen kannst.

Vocabulaire

Wiederhole den Wortschatz, indem du dir z. B. Vokabelkarten anlegst oder Wörter in Sachgruppen ordnest, Wörternetze anlegst oder in Gegensatzpaaren lernst. Lies noch einmal die Hinweise in deinem Schülerbuch, S. 66/10 und S. 113/8.

Production de texte

Arbeite beim Verfassen eigener Texte regelmäßig mit der Fehlersuchliste. Tauscht in der Klasse selbst geschriebene Texte untereinander aus und korrigiert gegenseitig eure Fehler. So entwickelt man bei der Korrektur mehr Routine und findet Fehler künftig zuverlässiger.

Viel Spaß und Erfolg beim Üben!

UNITÉ 1 *La rentrée*

Klassenarbeit A

Compréhension écrite Leseverstehen

Un collège en France

Max est de Rosenheim en Allemagne. Mais il est dans un collège en France. C'est le collège Clément Marot. Et où est le collège? Il est sur la colline de la Croix-Rousse. La Croix-Rousse, c'est un quartier de Lyon. Et où est Lyon? C'est une ville en France. C'est la rentrée à « Clément Marot »:

Marie: C'est qui, le garçon là-bas[1]?
Pascal: Je ne sais pas. Il est nouveau.

Marie: Salut. Je m'appelle Marie. Je suis dans la classe de M. Pennac. Et toi?
Max: Je m'appelle Max. Je suis dans la classe de M. Drouet.
Pascal: Bonjour, Max. Je m'appelle Pascal. Je suis un ami de Mohammed. Il est aussi[2] dans la classe de M. Drouet.

1 là-bas dort, da hinten – 2 aussi auch

1 *Lis le texte et relie.* Lies den Text und ordne zu. Achtung: Eine Aussage in der rechten Spalte findet keine Zuordnung. Notiere dann die Sätze.

Clément Marot est [1]	[a] dans la classe de M. Pennac.
Max est [2]	[b] d'Allemagne.
Lyon est [3]	[c] l'ami de Mohammed.
La Croix-Rousse est [4]	[d] la rentrée.
Marie est [5]	[e] un collège à Lyon.
Pascal est [6]	[f] une ville en France.
	[g] un quartier.

1. ______________________________

2. ______________________________

3. ______________________________

4. ______________________________

5. ______________________________

6. ______________________________

2 *Note les noms.* Von wem könnten die folgenden Aussagen stammen: von Max – Marie – Pascal – Mohammed – M. Pennac – M.Drouet? Notiere die Namen.
Achtung: Einige Namen können nicht zugeordnet werden.

______________________: « Je suis nouveau au collège. »

______________________: « Salut, Max! Je suis aussi dans la classe de M. Drouet. »

______________________: « Bonjour, Marie! Tu es dans ma classe. »

______________________: « Mohammed, c'est qui? »

______________________: « Je suis l'ami de Pascal. »

Grammaire Grammatik

3 *Complète. Utilise une préposition.* Ergänze mit einer Präposition.

1. Mme Navarro est __________ Clermont-Ferrand __________ la cinquième B. Clermont-Ferrand, c'est une ville __________ Limoges et Lyon.

2. Le collège de Paul est __________ une colline.

3. Lucie est __________ la classe __________ Mme Navarro.

4. Voilà Murnau. C'est __________ Allemagne.

4 *Complète. Utilise les pronoms personnels* je, tu, il/elle *ou le verbe* être.
Ergänze mit den Personalpronomen je, tu, il/elle oder dem Verb être.

Max: Salut, __________ m'appelle Max. Et toi? __________ t'appelles comment?

Pauline: __________ __________ Pauline. __________ __________ nouveau?

Max: Oui. __________ __________ dans la classe de M. Drouet. ... C'est qui, la fille là-bas[1]?

Pauline: C'est Nathalie. __________ __________ dans la classe de M. Pennac. Et voilà David. C'est l'ami de Barbara.

Max: Et c'est qui, le garçon avec Nathalie?

Pauline: C'est Patrick. __________ __________ de Lyon, Max?

Max: Non, de Rosenheim. C'est en Bavière[2], en Allemagne.

1 là-bas dort, da hinten
2 en Bavière in Bayern

Qu'est-ce qu'on dit? **Redemittel**

5 *Trouve les expressions.* Finde die Äußerungen.

1. Du begrüßt einen Lehrer.

____

2. Du fragst jemanden nach seinem Namen.

______________________ ______________________

3. Du fragst, wo Victor ist.

____

4. Du fragst jemanden, wie es ihm geht.

____

5. Du sagst, dass es dir gut geht.

______________________ ______________________

6. Du stellst Lucie vor.

____

Production de texte Textproduktion

6 *Écris le dialogue.* Verfasse den Dialog.

- Max begrüßt eine seiner Mitschülerinnen, stellt sich vor und fragt nach ihrem Namen.
- Das Mädchen begrüßt Max und sagt ihm, dass es Mathilde heißt.
- Ein anderer Junge kommt dazu. Er grüßt und stellt sich vor: Er heißt Victor.
- Max fragt Victor, ob er in der Klasse von Herrn Drouet ist.
- Victor verneint und sagt, dass er in der Klasse von Frau Rodet ist. Außerdem sagt er, dass Max herschauen soll, denn da ist Jacques.
- Max fragt, wer Jacques ist.
- Victor antwortet ihm, dass Jacques der Freund von Pierre ist.

Klassenarbeit B

Compréhension orale Hörverstehen

1 *Écoute le texte, coche la bonne réponse ou complète la phrase.*
Höre den Text, kreuze die richtige Antwort an oder vervollständige den Satz.

2

1. In welcher Klassenstufe sind die Schüler? ☐ 3e ☐ 4e ☐ 5e ☐ 6e
2. Der Lehrer ist neu an der Schule. ☐ vrai[1] ☐ faux[2]
3. Der erste Junge heißt ☐ Patrick Marot. ☐ Patrick Morel. ☐ Patrick Alanda. ☐ Thierry Alanda.
4. Der zweite Junge heißt ☐ Jean Bottet. ☐ Jean Mirelli. ☐ Thierry Mirelli. ☐ Thierry Bottet.
5. Anna ist neu an der Schule. ☐ vrai[1] ☐ faux[2]
6. Anna kommt aus ____________________. (Schreibe den Namen auf Deutsch!)
7. Wie geht es Anna in Lyon? ☐ ☺ ☐ ☹

1 vrai richtig – 2 faux falsch

2 [u] [y] [s] [z]? *Complète le tableau.* Ordne die Wörter den Lauten zu.

tu – mademoiselle – coucou – c'est qui? – ça va – les enfants – sur – nouveau

[u]	[y]	[s]	[z]

Grammaire Grammatik

3 *Complète. Utilise l'article défini ou indéfini.* Ergänze mit dem bestimmten oder dem unbestimmten Artikel.

1. – ____________ amie de Mohammed, c'est qui?

   – C'est Nicole, ____________ fille entre Lucie et Valentin.

2. ____________ collège Clément Marot, c'est ____________ collège de Lyon. Lyon est ____________ ville en France, entre ____________ Rhône et ____________ Saône.

3. – Marc, c'est qui?

   – C'est ____________ garçon de ____________ classe de M. Drouet. Marc est ____________ ami de David.

4 *Complète. Utilise une forme du verbe* être *ou une préposition.*
Ergänze mit der entsprechenden Form von être oder einer Präposition.

1. Voilà Pauline. C’__________ l’amie __________ Valentin.

2. Regarde. C’__________ Christophe. Il __________ __________ la classe de Valentin.

3. Et voilà Mme Sander. Elle __________ de Francfort. Francfort __________ une ville __________ Allemagne.

4. Voilà Killian, un ami __________ Valentin.
   – Killian, ... tu __________ aussi[1] de Lyon?
   – Oui, mais je __________ __________ un collège __________ Paris.

1 aussi auch

Vocabulaire Wortschatz

5 *Complète. Trouve le mot-clé et écris-le avec l’article défini.* Löse das Kreuzworträtsel. Finde das Lösungswort und schreibe es mit dem bestimmten Artikel.

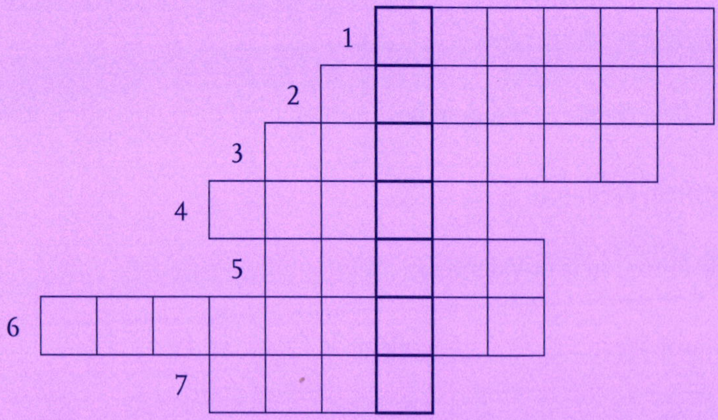

1. La ______________ de Tarik, c’est la cinquième C.
2. ______________, Lucie. Ça va?
3. La Croix-Rousse est sur une ______________.
4. – C’est qui, la ______________? – C’est Sophie.
5. Clément Marot est un ______________.
6. Würzburg est une ville en ______________.
7. C’est Barbara, l’______________ de Marie.

Le mot-clé: ______________

Production de texte **Textproduktion**

6 *Écris la lettre dans ton cahier.* Schreibe den Brief in dein Heft.

Du hast von deinem neuen französischen Brieffreund Lucas einen Brief erhalten, in dem er sich vorstellt und von seinem Schulanfang erzählt. Er schreibt dir, dass er einen neuen Freund gefunden hat, der aus Montpellier stammt und Pierre heißt. Du schreibst ihm einen kleinen Antwortbrief nach den folgenden Vorgaben:

- Du begrüßt ihn und fragst, wie es ihm geht.
- Du schreibst, wie es dir geht.
- Du stellst dich vor und sagst, wie du heißt.
- Du sagst, dass du aus … (Name deiner Stadt) bist und die Stadt in Deutschland liegt.
- Du fragst, ob der Freund neu in der Klasse ist.
- Du willst wissen, wo Montpellier liegt.
- Du schreibst, dass du einen Freund / eine Freundin hast. Er/Sie ist neu und kommt aus Dijon.
- Du fragst deinen Brieffreund, wo Dijon liegt.
- Du verabschiedest dich.

Entraînement à l'expression orale **Hör- und Sprechtraining**

7 *Écoute le dialogue, répète et note les phrases.* Hör den Dialog. Sprich an den Stellen, an denen eine Pause ist, den Satz nach und notiere ihn, nachdem du ihn zum zweiten Mal gehört hast.

3

C'est la rentrée à «Clément Marot». ______________________________ et voilà M. Morel.

M. Morel: Bonjour, les enfants. Je m'appelle M. Morel. Je suis nouveau dans le collège.

Les élèves: ______________________________.

M. Morel: Alors, Patrick Alanda, c'est qui?

Patrick: ______________________________.

M. Morel: Et toi, tu es Jean Bottet?

Thierry: Non, je m'appelle Thierry Mirelli.

M. Morel: Oh, pardon. Et toi?

Anna: ______________________________. Je suis nouvelle. Je suis de Munich.

Thierry: C'est où, Munich?

Anna: ______________________________.

Éva: Munich, c'est une ville sur le Main?

Anna: Non, le fleuve à Munich, c'est l'Isar.

M. Morel: Alors Anna, ______________________________?

Anna: Pas mal. Merci.

UNITÉ 2 *À l'école*

Klassenarbeit A

Compréhension écrite Leseverstehen

1 *Trouve les dessins correspondants.* Lies den Text. Ordne dann die einzelnen Abschnitte den Bildern zu, indem du die Buchstaben A–F in die vorgesehenen Kästchen schreibst.

Un collège à Arles

Le collège de Justin, Aurélie et Sandrine est à Arles, c'est le collège Frédéric Mistral. Les enfants sont en sixième A. Voilà le cédérom pour la classe de Franziska à Ratisbonne[1].

A Voilà, c'est nous, les élèves de la sixième A du collège Frédéric Mistral.

B Frédéric Mistral est un poète.

C Le collège est sur la colline Saint-Étienne.

D À « Frédéric Mistral », il y a un CDI, bien sûr. Dans le CDI, il y a des étagères avec des livres, des CD, des magazines, des cassettes vidéo ... Et voilà la documentaliste Mme Bourgeois. Elle est sympa avec les élèves.

E Il y a aussi une cour avec des élèves et des surveillants.

F Voilà la cantine. Aujourd'hui[2], il y a des frites. À gauche, il y a Nicolas Gravin, c'est un surveillant. Le garçon à droite, c'est Florent. Il est en sixième B.

G C'est Mme Dahan, la prof de maths. Elle est avec des élèves dans une salle de classe.

H Voilà le secrétariat de « Frédéric Mistral » avec Mme Caglia, la secrétaire. Sur l'étagère, il y a le cochon d'Inde de Mme Caglia. Il s'appelle Océanie.

1 Ratisbonne Regensburg – 2 aujourd'hui heute

2 *Complète les phrases.* Vervollständige die Sätze.

La prof de maths, c'est ______________________________.

Mme Bourgeois, c'est ____.

La secrétaire, c'est ______________________________.

Grammaire Grammatik

3 *Complète. Utilise une forme du verbe* être *ou* c'est, ce sont.
Ergänze mit einer Form von être oder mit c'est, ce sont.

Marie: Regarde, Sarah, le monsieur là-bas, ________________ un surveillant?

Sarah: Je ne sais pas.

Juliette: Mais non, ________________ un prof d'allemand, Monsieur Marek.

Marie: Pardon, monsieur. Vous ________________ nouveau à « Frédéric Mistral »?

M. Marek: Oui, je ________________ de Francfort, en Allemagne.

Marie: Une amie de Sylvie Gonsolin ________________ dans un collège à Francfort. ________________ le collège Schiller.

M. Marek: Ah, le collège Schiller! ________________ à Sachsenhausen, un quartier de Francfort. ... Les deux filles, c'est qui?

Marie: ________________ Juliette et Sarah.

M. Marek: Juliette, Sarah et toi, vous ________________ en sixième?

Marie: Non, nous Sommes ________________ en cinquième.

M. Marek: Bonjour, Juliette, bonjour, Sarah.

4 *Trouve la question.* Finde die passende Frage zur vorgegebenen Antwort.

1. – ____? – Emma? Elle est dans la cour.

2. – ____? – C'est la prof de géographie.

3. – ____? – Je m'appelle Yannick.

4. – ____? – Sur la colline, il y a un collège.

5. – ____? – Les cassettes d'Antonin sont sur la table.

6. – ____? – C'est un DVD.

Vocabulaire Wortschatz

5 *Qu'est-ce que c'est? Écris le mot au singulier ou au pluriel avec l'article indéfini.*
Notiere das Wort im Singular oder Plural mit dem unbestimmten Artikel.

1. ____________________
____

2. ____________________
____

3. ____________________
____

4. ____________________
____

5. ____________________
____

6. ____________________
____

7. ____________________
____

8. ____________________
____

Orthographe Rechtschreibung

6 *Complète.* Vervollständige mit den richtigen Buchstaben. Achte besonders auf die Akzente und andere Zeichen.

1. Voil___ les ___l___ves de la cinqui___me.
2. C'___st Valentin o___ Paul?
3. Vous ___tes Mme Pianta?
4. La cassette vid___o est sur l'___tag___re.
5. O___ est le prof de g___ographie?
6. – ___a va, Lucie? – Oui, tr___s bien.

Production de texte Textproduktion

7 *Écris le dialogue.* Verfasse den Dialog.

Frau Bernard, die neue Erdkundelehrerin, geht mit Schülern ihrer Klasse in das CDI.

1. Frau Bourgeois begrüßt die Schüler/innen.
2. Die Schüler/innen begrüßen sie ebenfalls und stellen ihr Frau Bernard vor.
3. Frau Bourgeois grüßt Frau Bernard und fragt, ob sie neu im „Frédéric Mistral" ist.
4. Frau Bernard bejaht. Sie fragt nach den Atlanten.
5. Frau Bourgeois antwortet, dass sie sich links im Schrank befinden.
6. Frau Bernard geht zum Schrank. Sie vergewissert sich bei Frau Bourgeois, ob sie zwischen den Erdkundebüchern und den Videokassetten sind.
7. Frau Bourgeois bejaht.
8. Eine Schülerin fragt Frau Bourgeois, ob es hier Zeitschriften gibt.
9. Frau Bourgeois bejaht und sagt, dass sie auf dem Regal rechts sind.
10. Frau Bernard möchte wissen, wo die Computer für die Lehrer stehen.
11. Frau Bourgeois antwortet, dass sie dort auf den Tischen stehen.
12. Ein Schüler sagt zu Frau Bourgeois, dass in dem Schrank links Océanie, das Meerschweinchen von Frau Caglia, ist.

Klassenarbeit B

Compréhension orale **Hörverstehen**

Der Hörtext enthält ein unbekanntes Wort: la chambre – das Zimmer.

1 *Qu'est-ce qu'il y a dans la chambre de Clara? Écoute le texte et coche les bonnes cases.*
Welche der folgenden Gegenstände befinden sich in Claras Zimmer? Kreuze an.

4

2 *Où est-ce que se trouvent ces objets? Écoute encore une fois. Indique la place des objets.* Höre den Text noch einmal und trage in die Kästchen im Bild ein, wo sich die Gegenstände A–E in Claras Zimmer befinden.

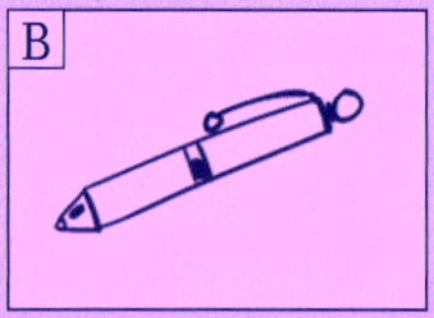

3 *Écris les questions et les réponses. Utilise* Où est *ou* Où sont *pour les questions,* Il(s)/Elle(s) est/sont *pour les réponses.* Ergänze die Fragen und die Antworten. Verwende für die Fragen Où est oder Où sont, für die Antworten Il(s)/Elle(s) est/sont.

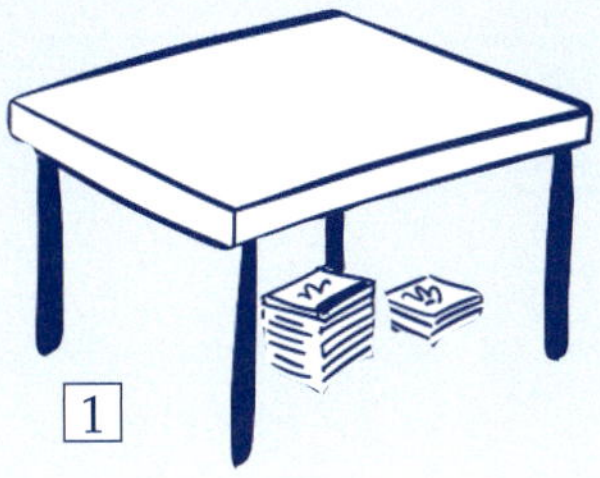

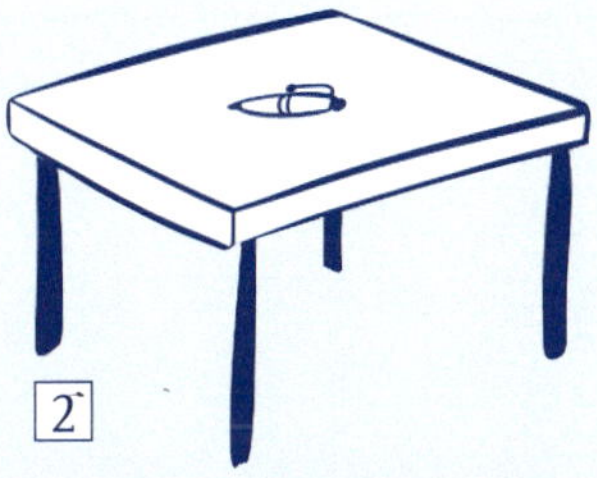

1. ______________________ les CD?

   ____

   ____.

2. ______________________ le stylo?

   ____.

3. ______________________ le cochon d'Inde?

   ____

   ____.

4. ______________________ l'agenda?

   ____.

5. ______________________ les élèves?

   ____

   ____.

4 *Complète les dialogues. Utilise une forme du verbe* être *et un pronom personnel.* Ergänze die Minidialoge mit einer Form von être und einem Personalpronomen.

1. – Salut, Louise. ______________________________ de Paris?
   – Non, ______________________________ de Montpellier. Et toi?
2. – Pauline et Lucie, ______________________________ en sixième?
   – Non, monsieur, ______________________________ en cinquième.
3. – Où sont Paul et Annika?
   – ______________________________ dans la cour, avec Justine.
4. Voilà Marion et Amélie. ______________________________ dans la classe de Romain.
5. – Bonjour, ______________________________ Mme Bernard?
   – Non, ______________________________ Mme Gibier.

5 *Complète. Utilise l'article défini ou une forme du verbe* être.
Ergänze mit dem bestimmten Artikel oder einer Form von être.

Aurélie: Regarde, Franziska. Voilà ______ CDI. Mme Bourgeois, vous ______ encore là?

Mme Bourgeois: Oui, je ______ encore là.

Aurélie: Franziska, voilà Mme Bourgeois, ______ documentaliste. Mme Bourgeois, voilà Franziska.

Franziska: Bonjour, Mme Bourgeois.

Mme Bourgeois: Ah, ______ élèves de Ratisbonne ______ enfin à «Frédéric Mistral». Très bien. Bienvenue, Franziska.

Aurélie: Madame, où ______ ______ livres de géographie pour ______ sixième A?

Mme Bourgeois: Ils ______ sur ______ étagère, à gauche.

Franziska: Il y a des cassettes vidéo ici?

Mme Bourgeois: Oui, bien sûr. Il y a aussi une cassette vidéo sur Arles et ______ poète Frédéric Mistral. Elle ______ dans ______ armoire là-bas.

Vocabulaire Wortschatz

6 *Trouve les mots français et complète.*
Ergänze die Sätze mit den französischen Entsprechungen der angegebenen Wörter.

Fehler – bitte – Computer – hier – Schule – sehr – Schulhof

1. Valérie! Les cassettes sont ______.
2. Monsieur, ______, où sont les atlas?
3. Regarde, Tarik. Il y a une ______, là.
4. L'______ de Franziska est à Ratisbonne.
5. Dans la salle de classe, il y a aussi un ______ pour les élèves.
6. La secrétaire est ______ sympa avec les enfants.
7. – Où est Nicolas? – Il est dans la ______.

Prononciation Aussprache

7 *Souligne l'intrus.* Unterstreiche den Ausdruck, der den jeweiligen Laut nicht enthält.

[ɛ]	[ã]	[ə]	[œ]
merci épèle! vous êtes c'est bien	maintenant le surveillant bon la cantine entre	la secrétaire de le film ce sont super	le fleuve deux le professeur c'est l'heure

2

Production de texte Textproduktion

8 *Décris ta chambre.* Beschreibe dein Zimmer.

Dein französischer Brieffreund Paul hat dir eine E-Mail mit einem Foto seines Zimmers geschickt. Da du kein Foto deines Zimmers besitzt, beschreibst du ihm dein Zimmer in deiner E-Mail. Schreibe in dein Heft.

- Du begrüßt ihn und bedankst dich für das Foto.
- Du beschreibst, wo sich folgende Gegenstände in deinem Zimmer[1] befinden: Tisch, Computer, Schrank, Regale, Bücher und Stifte, CDs und DVDs, Zeitschriften.
- Atlas? Du weißt nicht, wo er ist.
- Du verabschiedest dich.

1 mein Zimmer ma chambre

Entraînement à l'expression orale Hör- und Sprechtraining

9 *Écoute le texte, répète et note les phrases.* Hör den Text. Sprich an den Stellen, an denen eine Pause ist, den Satz nach und notiere ihn, nachdem du ihn zum zweiten Mal gehört hast.

5

Dans la chambre de Clara

Voilà la chambre de Clara.

La table est entre l'armoire et l'étagère. ______________________, il y a un stylo et un agenda.

Sur l'étagère, ____ et des livres.

L'atlas est aussi sur l'étagère. Il est ____.

Où est Émilie, le cochon d'Inde de Clara? ____.

Et qu'est-ce qu'il y a ______________________? Le livre de géo et des magazines.

Il y a aussi un ordinateur dans la chambre de Clara? Non. ______________________

______________________ de Marie.

UNITÉ 3 *Ma famille et mes amis*

Klassenarbeit A

Compréhension écrite Leseverstehen

Coralie, le chat et la perruche

Coralie Cureau a douze ans. Elle habite à Lyon avec ses parents. Son père est médecin, sa mère travaille dans un collège. Elle est secrétaire. Les Cureau habitent près de l'hôpital Louis Pradel sur la colline de Fourvière. Coralie est en sixième B. Son école, c'est le collège Saint-Exupéry. Coralie a un chat et une perruche. Elle a aussi un frère. Il s'appelle Sébastien. Il a vingt ans. Il habite à Paris avec des amis. Sébastien travaille à la télé. Il prépare des films pour les enfants. Coralie regarde toujours les films de son frère: ils sont super. Ce sont des films sur les animaux.
Coralie regarde dans le magazine «Télérama» et ... Qu'est-ce qu'on montre à la télé? Un film de Sébastien Cureau: «La perruche de la Croix-Rousse et son voisin, le chat». Coralie allume la télé: Le film montre une perruche dans sa maison. Elle est dans la salle de séjour et pose une lampe. Son voisin, le chat, est dans la cuisine et prépare le dîner. «Vite, on mange maintenant. Aujourd'hui[1], il y a des souris avec des frites.»

1 aujourd'hui heute

1 *Lis le texte et coche la bonne réponse ou note les bons chiffres.*
Lies den Text und kreuze die richtige Antwort an oder notiere die passenden Zahlen.

1. Coralie Cureau a ____________ ans. (Trage die Ziffer ein.)

2. Le père de Coralie est ...

3. La mère de Coralie est ...

4. Les Cureau habitent ☐ près de Lyon. ☐ à Lyon. ☐ à Paris.

5. Coralie est en ☐ 4e. ☐ 5e. ☐ 6e.

6. Les animaux de Coralie:

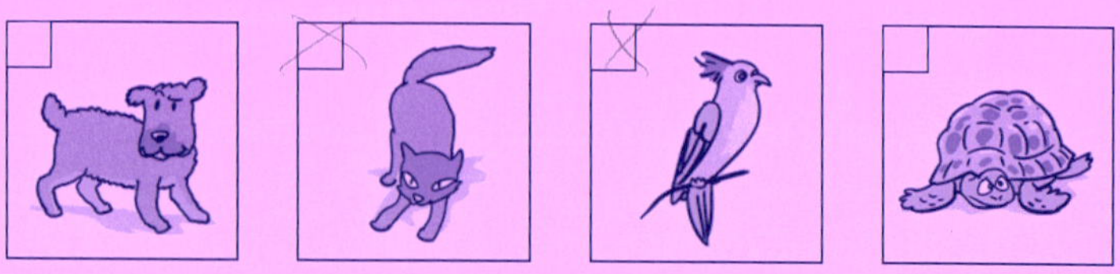

7. Sébastien, c'est ☐ un ami de Coralie. ☐ le frère de Coralie. ☐ un garçon dans un film.

8. Sébastien a ____________ ans. (Trage die Ziffer ein.)

9. Sébastien habite ☐ à Lyon. ☐ à Paris.

10. Sébastien est ...

11. Coralie regarde un film.
Où est la perruche?

12. Que fait[1] la perruche?

13. Où est le chat?

14. Que fait[1] le chat?

1 Que fait ...? Was macht ...?

Grammaire Grammatik

2 *Complète. Utilise le déterminant possessif.* Ergänze mit dem Possessivbegleiter.

Luc, un copain de Coralie, regarde des photos de

__________ famille avec la grand-mère de Coralie.

Luc: Voilà __________ famille. __________ parents

s'appellent François et Sophie.

Mémé: Et __________ sœurs?

Luc: __________ sœurs, ce sont Hélène et

Laurence. Et voilà __________ frère.

Il s'appelle Olivier.

Mémé: __________ père a des frères et

sœurs?

3

Luc: Oui, regardez, il y a tatie Catherine, la sœur de papa. Elle travaille dans la boulangerie[1] de ______________ grand-père. ______________ grands-parents habitent près de Grenoble.

Mémé: ______________ tante a des enfants?

Luc: Oui, une fille: Corinne. Elle habite avec ______________ famille à Munich, en Bavière[2]. Regardez là, sur la photo, elle est devant ______________ maison avec ______________ enfants.

1 la boulangerie die Bäckerei – 2 en Bavière in Bayern

3 *Complète. Utilise une forme du verbe* être *ou* avoir. Ergänze mit einer Form von être oder avoir.

Voilà Tim avec Luc, un copain de son collège. Luc est nouveau à « Saint-Exupéry ».

Luc: Ma famille ______________ de Grenoble, mais maintenant nous ______________ à Lyon. J'______________ deux sœurs. Elles ______________ 15 ans. Elles ______________ dans le collège Ampère. Et mon frère ______________ quatre ans. Vous ______________ des animaux à la maison?

Tim: Oui, nous ______________ un chien et maman ______________ des poissons. Et toi?

Luc: Ah, non. Mais mon père dit[1] toujours: « Toi et ta sœur, vous ______________ comme chien et chat. J'ai deux animaux à la maison! » Moi, je ______________ souvent[2] chez mes grands-parents. Ils ______________ une boulangerie[3] près de Grenoble et ils ______________ des chats à la maison.

1 dit sagt – 2 souvent oft – 3 la boulangerie die Bäckerei

4 *Complète. Utilise le verbe entre parenthèses.* Ergänze mit dem angegebenen Verb.

Luc ______________ (arriver) à la maison.

Luc: Hélène, tu ______________ (être) là?

Hélène: Oui. Je ______________ (être) dans ma chambre. Je ______________ (regarder) des photos.

Luc: Où ______________ (être) papa et maman?

Hélène: Papa ______________ (travailler) et maman ______________ (téléphoner). ...
Luc, nous ______________ (ranger) la salle de séjour?

Luc: ______________ (écouter), Hélène. Toi, tu ______________ (ranger) et moi, je ______________ (préparer) le dîner. J'ai______________ (avoir) une cassette vidéo avec un film sur « Louise Attaque ». On ________________ (manger) dans la salle de séjour et on

________________ (regarder) le film?

Hélène: Super.

Les parents de Luc et Hélène ________________ (arriver).

Père: Bonjour, les enfants. Ah, vous ________________ (préparer) le dîner? C'est bien.

Luc: On ________________ (manger) dans vingt minutes ...

Vocabulaire Wortschatz

5 *Où est le chat? Complète. Utilise une préposition (*dans, sur, sous, devant, derrière*) et un nom.*
Ergänze mit einer Präposition und einem Nomen.

1. Il est ________________________________.
2. Il est ________________________________.
3. Il est ________________________________.
4. Il est ________________________________.
5. Il est ________________________________.
6. Il est ________________________________.

Production de texte Textproduktion

6 *Tu écris un message à ta correspondante Lucie en France. Tu parles de ton âge, ta famille, ta ville, tes animaux, ton école, tes ami(e)s. Écris dix à douze phrases dans ton cahier.*
Du schreibst eine erste E-Mail an deine französische Brieffreundin Lucie.
Stelle dich vor: Erzähle, wie alt du bist und wo du wohnst. Sprich über deine Familie, deine Schule, deine Freunde/-innen. Frage sie nach ihrem Alter, nach Geschwistern und Haustieren. Denke an die Anrede und einen Gruß am Schluss. Schreibe zehn bis zwölf Sätze in dein Heft.

Klassenarbeit B

Compréhension orale Hörverstehen

1 *Écoute le dialogue, coche la bonne réponse ou complète la phrase.*
Höre den Dialog, kreuze die richtige Antwort an oder vervollständige den Satz.
6

1. Lucas est ☐ le frère d'Anna. ☐ l'ami d'Anna. ☐ l'ami de Frédéric.
2. Il téléphone de ☐ Lyon. ☐ Luxembourg. ☐ Paris.
3. Où est Frédéric?

4. Que fait[1] Frédéric?

5. Frédéric aime bien l'appartement. ☐ vrai[2] ☐ faux[3]
6. Sa mère ☐ travaille beaucoup. ☐ est toujours à la maison. ☐ prépare le dîner.
7. Frédéric est en ☐ 4e D. ☐ 5e D. ☐ 6e D.
8. Dans sa classe, il y a ______________ élèves. (Trage die Ziffer ein.)
9. Son nouveau copain est de ☐ Bruxelles. ☐ Lyon. ☐ Luxembourg.
10. Frédéric aime la cantine du collège. ☐ vrai[2] ☐ faux[3]
11. À la cantine, il y a toujours des ______________.

1 Que fait ...? Was macht ...? – 2 vrai richtig – 3 faux falsch

Grammaire Grammatik

2 *Complète. Utilise un déterminant possessif ou un verbe.*
Ergänze mit dem Possessivbegleiter oder einer Verbform.

Anthony et ______________ copain Félix ______________ (regarder) des photos.

La mère d'Anthony: Anthony et Félix, vous ______________ (être) où?

Anthony: Nous sommes dans ________ chambre.

La mère: Nous ______________________ (manger) maintenant. Où est ___________ père?

Anthony: Je ne sais pas. Papa, on ______________________ (manger)!

Le père: J'______________________ (arriver). Je ______________________ (être) dans la salle de séjour et je

______________________ (ranger) ___________ livres.

La mère: Et où est ___________ sœur, Anthony?

Anthony: Elle est devant ___________ ordinateur.

Le père: Mais non, Gaëlle est dans la salle de séjour. Elle ______________________ (téléphoner).

3

3 *Trouve la bonne question.* Finde die passende Frage.

1. – ____

   – Madeleine? Elle habite à Bruxelles.

2. – ____

   – Oui, j'ai un chien. Il s'appelle Mirko.

3. – ____

   – À la cantine, il y a des frites.

4. – ____

   – Mme Gallet est la mère de Paul et Annabelle.

5. – ____

   – J'écoute un CD de Kyo.

6. – ____

   – Frédéric prépare le dîner.

7. – ____

   – Moi? J'ai 13 ans.

8. – ____

   – Je mange à la cantine.

4 *Complète. Utilise la forme du verbe qui convient.* Ergänze mit der passenden Verbform.

1. ranger – regarder

2. manger – arrêter

3. être – parler

4. écouter – manger

Les nombres Die Zahlen

5 *Voici l'adresse des copains de Coralie à Lyon. Écris les numéros de rue.*
Das sind die Adressen von Coralies Freunden in Lyon. Schreibe die Hausnummern aus.

A Charlotte Romain
12, rue Pasteur
______

B Anthony Corelli
19, rue Tête d'Or
______

E Pierre Chevalier
6, boulevard de la Croix-Rousse
______

C Nathan Bottet
17, quai Romain Rolland
______

D Samuel Kayser
8, rue Saint-Jean
______

F Lucie Montagnet
16, rue des fleurs
______

H Amélie Labastide
14, rue Vauban
______

G Camille Tabori
10, avenue du château
______

I Naomi Capuchon
20, place Saint-Paul
______

Production de texte **Textproduktion**

6 Yannick hat eine E-Mail von seinem Austauschpartner Markus erhalten. Markus hat auf Deutsch geschrieben und Yannick hat nicht alles verstanden. Er bittet Julia, eine deutsche Nachbarin, ihm die E-Mail zu übersetzen. Schreibe in dein Heft.

Lieber Yannick,
danke für das Foto von deiner Familie. Es ist super. Hast du auch Tiere? Ich habe einen Hund. Er ist vier Jahre alt und heißt Rollo. Ich habe auch ein Meerschweinchen. Es wohnt in meinem Zimmer. Meine Schwester heißt Theresa. Sie ist 15 Jahre alt. Und du, wie alt bist du? In zehn Minuten bereite ich das Abendessen vor. Mama arbeitet im Krankenhaus und Papa ist noch in der Schule. Theresa hat noch Französischhausaufgaben für morgen. Mit ihrer Klasse bereitet sie eine CD-ROM für die Brieffreunde aus Bordeaux vor.
Bis bald
Markus

3

Entraînement à l'expression orale **Hör- und Sprechtraining**

7 *Écoute le dialogue, répète et note les phrases.* Hör den Dialog. Sprich an den Stellen, an denen eine Pause ist, den Satz nach und notiere ihn, nachdem du ihn zum zweiten Mal gehört hast.

7

Anna: Allô!

Lucas: Allô, c'est Lucas. ______________________________?

Anna: Oui, il est dans la cuisine, il pose une lampe. Un moment, Lucas. Frédéric!

______________________? Le téléphone de Luxembourg.

Frédéric: Je suis dans la cuisine. Je pose une lampe.

Anna: Ah, voilà, il arrive.

Frédéric: ______________________?

Anna: C'est ton copain Lucas.

Frédéric: Ah, super. Salut, Lucas. Ça va?

Lucas: Oui, et toi? ______________________________?

Frédéric: On range beaucoup ... on a encore dix-sept cartons. Je pose encore deux ou trois lampes, l'armoire de ma mère dans sa chambre et ... Mais l'appartement est super.

Lucas: Et ton collège?

Frédéric: Ah, c'est bien. Je suis en sixième D. Je suis dans la classe de Mme Navarro. Dans ma classe, il y a vingt élèves. J'ai un copain. Il s'appelle Paul et ______________________________.

Il est de Bruxelles.

UNITÉ 4 *Qu'est-ce que vous faites?*

Klassenarbeit A

Compréhension écrite Leseverstehen

Les deux copains

Adrien et son copain Souleymane sont toujours ensemble. Ils font leurs devoirs et préparent leurs interros ensemble. Aujourd'hui, après l'école, ils ne rentrent pas, ils font un tour en ville. D'abord, ils regardent les bédés. Souleymane montre une bédé de Tardi à Adrien. Ils aiment Tardi, ils aiment aussi Margerin. Après, ils regardent des affiches de spectacles. Samedi soir, il y a un match[1] de foot et un match[1] de boxe. Les deux copains aiment le foot, mais ils préfèrent la boxe. Ils veulent des places, mais c'est très cher. De 25 à 49 euros, ça fait beaucoup.
Après, ils rentrent, ils ont des devoirs d'allemand et de géographie. Leur prof de géographie, Mme Rodet, est sympa, mais on travaille beaucoup dans ses cours. Et Adrien et Souleymane n'aiment pas la géographie. Ils arrivent chez Souleymane. D'abord, ils font leurs devoirs d'allemand. Et après? Ils écoutent des CD et ils font les devoirs de géographie.

1 le match das Spiel

1 *Lis le texte et coche les bonnes réponses. Il y a parfois plusieurs réponses possibles.*
Lies den Text und kreuze die richtigen Antworten an. Manchmal gibt es mehrere richtige Antworten.

1. Adrien et Souleymane sont des ☐ frères. ☐ amis. ☐ correspondants.

2. Ensemble, ils font …

3. Aujourd'hui, en ville, les deux regardent …

4. Pour samedi, ils veulent des places pour …

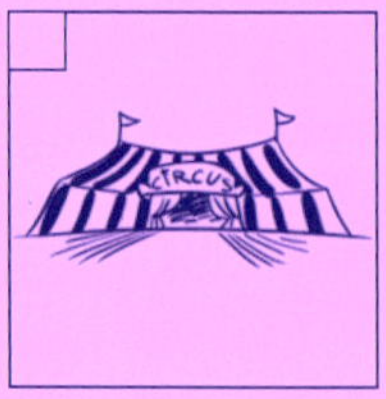

5. Les deux achètent des places pour samedi. ☐ vrai[1] ☐ faux[2] ☐ pas dans le texte[3]

6. Adrien et Souleymane rentrent pour faire les devoirs
☐ d'allemand. ☐ d'anglais. ☐ de géographie. ☐ de maths.

7. Les deux n'aiment pas ☐ l'allemand. ☐ l'anglais. ☐ la géographie. ☐ les maths.

8. Qu'est-ce qu'ils font encore?

☐ 
☐ 
☐ 
☐ 

1 vrai richtig – 2 faux falsch – 3 pas dans le texte nicht im Text

Grammaire Grammatik

2 *Complète. Utilise* ne ... pas. Ergänze. Verwende die Verneinung mit ne ... pas.

3 *Complète. Utilise les déterminants possessifs* ses, leur, leurs.
Ergänze die Sätze mit den Possessivbegleitern ses, leur, leurs.

1. Manon et Paul font __________ devoirs ensemble.
2. Les élèves discutent avec __________ prof.
3. Lucie et __________ amis sont souvent dehors.
4. Yann et Pascal rangent __________ chambre.
5. M. Ronsard travaille avec __________ élèves.
6. Nicolas et Sophie sont chez __________ grands-parents.
7. Mme Gallet ne peut pas toujours manger avec __________ enfants.

fille

4 **a** *Traduis.* Übersetze.

1. Sylvie mag Handball. Ihr Bruder mag Fußball lieber.

____

____

2. Mathilde mag keinen Fußball. Sie zieht Skateboardfahren vor.

____

____

3. Und du? Was magst du nicht? Was magst du lieber?

____

____

b *Réponds aux questions de* **a** *, 3.* Beantworte die beiden Fragen von **a** , 3.

____

____

5 *Complète. Utilise le verbe entre parenthèses.* Ergänze mit dem angegebenen Verb.

– Marc, tu __________ (pouvoir) préparer le dîner ce soir?

– Moi, je ne __________ (pouvoir) pas. J'__________ (avoir) mon club-photo après l'école.

– Qu'est-ce que vous ______________________ (photographier) aujourd'hui?

– On ______________________ (faire) des photos de la ville. Ensemble, nous ______________________ (faire) un tour dans le quartier, nous ______________________ (regarder) les maisons, les rues[1], les places, ... Aujourd'hui, on ______________________ (vouloir) faire un tour dans le quartier de la Croix-Rousse.

– C'est bien. Alors, nous ne ______________________ (manger) pas ensemble ce soir?

– Si, maman. Je ______________________ (rentrer) avant[2] le dîner.

– Alors, qu'est-ce que je ______________________ (faire) pour le dîner? Tu ______________________ (préférer) un poisson ou des spaghettis?

– Moi, je ______________________ (préférer) des spaghettis. Salut, à ce soir.

1 la rue die Straße – 2 avant (le dîner) vor (dem Abendessen)

Vocabulaire Wortschatz

6 **a** *Souligne l'intrus.* Unterstreiche den „Eindringling" (= das Wort, das nicht in die Reihe passt).

1. le soir – ensemble – le matin – aujourd'hui
2. les rollers – le skate – la télé – le foot
3. la marchande – la documentaliste – le frère – le vendeur
4. la bédé – le livre – la photo – le magazine

b *Écris une phrase avec chaque intrus.* Bilde mit jedem „Eindringling" einen Satz.

____

____

____

____

7 *Écris le dialogue.* Verfasse den Dialog.

Annika und Mathilde treffen sich nach der Schule.

1. Mathilde begrüßt Annika und fragt sie, wie es ihr geht.
2. Annika antwortet, dass es ihr heute nicht gut geht.
3. Mathilde fragt Annika, was sie jetzt macht.
4. Annika antwortet, dass sie nach Hause geht und ihre Hausaufgaben macht.
5. Mathilde schlägt vor, gemeinsam nach Hause zu gehen.
6. Annika ist einverstanden.
7. Mathilde fragt Annika, ob sie gemeinsam fernsehen.
8. Annika entgegnet, dass sie nicht will. Sie erklärt Mathilde, dass sie heute nicht gut drauf ist.
9. Mathilde sagt, dass sie die Klassenarbeit für morgen vorbereiten können.
10. Annika ist einverstanden. Sie findet das genial.

Klassenarbeit B

Compréhension orale Hörverstehen

1 *Écoute le texte et coche les bonnes réponses ou complète.*
Höre den Text und kreuze die richtigen Antworten an oder trage die Preise ein.

8

Du findest im Hörtext ein unbekanntes Wort: le match – *hier:* der Wettkampf.

1. Comment va Céline aujourd'hui? ☒ ☺ ☐ 😐 ☒ ☹

2. Qu'est-ce que Céline fait aujourd'hui?

3. Céline aime la télé. ☒ vrai[1] ☐ faux[2]

4. Yannick aime la télé. ☐ vrai ☒ faux

5. Céline aime le cirque. ☒ vrai ☐ faux

6. Au cirque, il y a une place pour 17,50 €. (Trage den Preis in Ziffern ein.)

7. Yannick aime la boxe. ☒ vrai ☐ faux

8. Céline aime la boxe. ☐ vrai ☒ faux

9. Au match de boxe, il y a une place pour 9,40 €. (Trage den Preis in Ziffern ein.)

10. Au concert des « Stéréophonics », il y a une place pour 6 €. (Trage den Preis in Ziffern ein.)

11. Les 12 euros de Céline, c'est pour ...
    - ☐ la place de Céline.
    - ☐ les places de Céline et Yannick.
    - ☒ les places de Céline et sa sœur.
    - ☐ les places de Yannick, Céline et sa sœur.

12. Le concert des « Stéréophonics » est devant ...

1 vrai richtig – 2 faux falsch

2

Complète. Utilise les déterminants possessifs votre, vos, notre, nos, leur, leurs *et les formes de* faire.
Ergänze mit den Possessivbegleitern votre, vos, notre, nos, leur, leurs und dem Verb faire.

1. – Sylvie et Madeleine, vous ______________ __________ devoirs maintenant?

   – Non, nous ______________ __________ devoirs demain matin.

2. – Tu ______________ tes exercices avec Pierre?

   – Non, aujourd'hui, je ne peux pas. Je ______________ des photos dans le quartier.

3. – Qu'est-ce que Marc ______________ ce soir? – Il a des places pour le cirque.

4. – Pierre et André écoutent des CD? – Non, ils sont dans __________ chambre et ______________

   __________ devoirs.

5. – M. Dubois, c'est __________ livre? – Non, c'est le livre de Romaine.

6. – Pascal et Patrick, où est ________ prof d'allemand? – ________ prof d'allemand? Il est dans la cour.

3

Complète. Utilise une forme de pouvoir *ou* vouloir. Ergänze mit einer Form von vouloir oder pouvoir.

1. – Tu ________________ regarder le film à la télé ce soir?

   – Je voudrais bien, mais ce soir, je ne ________________ pas, on mange chez mes grands-parents. Mais demain, nous ________________ regarder un film vidéo ensemble.

2. – Les parents sont d'accord: Julien et ses copains ________________ faire un tour en ville.

3. – Maman, on ________________ jouer sur l'ordinateur?

   – Vous ne ________________ pas faire vos devoirs d'abord?

   – Non, on fait nos devoirs après.

4. – Louis, tu ________________ ranger ta chambre, s'il te plaît?

   – Mais non, papa, pas maintenant. Je ________________ d'abord écouter mes CD.

   – Écoute, Louis. Range ta chambre. Et après, Emma et toi, vous ________________ jouer.

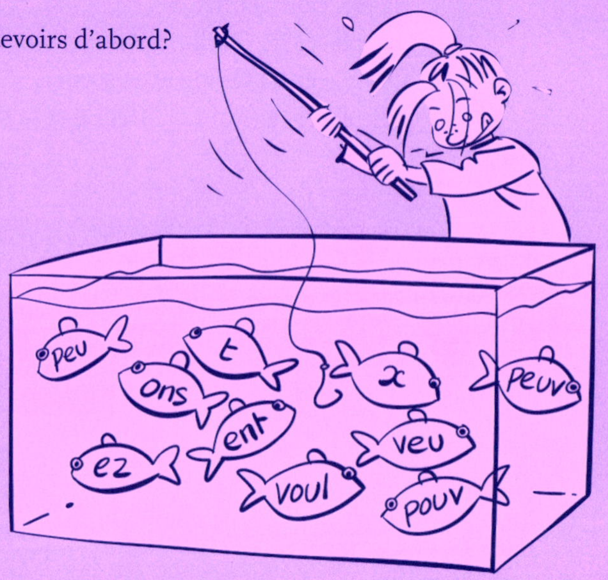

4 **a** *Pose la question. Utilise les mots entre parenthèses.*
Formuliere die Frage. Verwende die angegebenen Wörter.

1. – ______________________________? (aimer / la gymnastique)

   – Si, mais je préfère la danse.

2. – ______________________________? (avoir / des poissons)

   – Non, mais j'ai une tortue.

3. – ______________________________? (regarder / la télé)

   – Oui, je veux bien.

4

b *Donne la réponse. Utilise les mots entre parenthèses.*
Formuliere die Antwort. Verwende die angegebenen Wörter.

1. – Ludovic, tu regardes un film ce soir?

   – ______________________________? (préparer / l'interro)

2. – Tu ne veux pas des places pour le cirque?

   – ______________________________? (mais / c' / être / cher)

3. – Emma n'aime pas les livres?

   – ______________________________? (mais / préférer / les bédés)

c *À toi.* Eine Frage an dich. Schreibe ein bis zwei Sätze.

– Tu aimes les films d'horreur?

____

____

Qu'est-ce qu'on dit? Redemittel

5 *Trouve les expressions.* Finde die Äußerungen.

1. Du fragst deinen Freund, was er heute vorhat.

____

2. Du findest etwas schrecklich.

____

3. Du bist nicht einverstanden.

4. Du äußerst den Wunsch, einen Stadtbummel zu machen.

5. Du schlägst vor, eine CD zu hören.

6. Du findest etwas toll.

7. Du sagst, dass du nicht in Stimmung bist.

Vocabulaire et grammaire Wortschatz und Grammatik

6 *Qu'est-ce qu'ils aiment? Écris des phrases.* Was mögen sie? Schreibe Sätze in dein Heft.

Production de texte Textproduktion

7 Du erhältst folgende E-Mail von deinem französischen Brieffreund:

Salut,
Voilà la cassette vidéo. Tu as maintenant un ordinateur?
Tu sais, je n'aime pas les lettres ☹, je préfère les e-mails ☺!
A+, Valentin

Du antwortest Valentin in einer E-Mail mit folgendem Inhalt:
- Du bedankst dich für die Videokassette.
- Du teilst ihm mit, dass du eine eigene E-Mail-Adresse, aber noch keinen eigenen Computer hast. Es ist der Computer deines Vaters.
- Du schreibst, ob du Briefe magst oder nicht.
- Du willst wissen, was er gerade macht.
- Du schreibst, dass du viel für die Schule arbeitest; ihr schreibt nämlich morgen eine Französischarbeit und du magst es überhaupt nicht, für die Schule zu arbeiten.
- Du schreibst, was du lieber machst.
- Du hast eine Idee: Du schlägst ihm vor, gemeinsam zu arbeiten.
- Du würdest gerne deine Französischarbeiten gemeinsam mit ihm vorbereiten.
- Du schlägst ihm vor, auch gemeinsam die Hausaufgaben in Deutsch zu machen.
- Du fragst, ob er einverstanden ist.

Achte in deiner E-Mail auf die Begrüßungs- und Abschiedsformel.

4

Entraînement à l'expression orale Hör- und Sprechtraining

8 *Écoute le dialogue, répète et note les phrases.* Hör den Dialog. Sprich an den Stellen, an denen eine Pause ist, den Satz nach und notiere ihn, nachdem du ihn zum zweiten Mal gehört hast.

9

Céline: Salut, Yannick. Ça va?

Yannick: ______________________________. Et toi?

Céline: Bof, ça ne va pas bien.

Yannick: Mais ______________________________?

Céline: Je n'ai pas le moral.

Yannick: ______________________________?

Céline: Ben, je travaille beaucoup pour mon interrogation d'allemand demain matin. Mais je ne veux pas travailler.

Yannick: Écoute, j'ai une idée. On fait un tour en ville samedi. ______________________________?

Céline: Ça dépend. On peut regarder la télé ensemble. ______________________________.

Yannick: Mais Céline, la télé, c'est l'horreur. Il y a des spectacles en ville ...

Céline: Oui, je sais, ______________________________. Pour moi, le cirque est super. J'aime bien les clowns et les artistes.

Yannick: Mais les places sont chères: une place pour 17 euros 50.

Céline: Je sais. Je voudrais bien regarder les clowns, mais c'est trop cher pour moi aussi. Et toi,

______________________________?

UNITÉ 5 *Le cadeau*

Klassenarbeit A

Compréhension écrite Leseverstehen

Un cadeau pour Adèle

Marianne et son frère Hugo sont en ville. Ils cherchent un cadeau pour l'anniversaire d'Adèle, leur sœur: Elle a douze ans, samedi. Ils vont aux Galeries Lafayette. Ils regardent les DVD. Adèle aime beaucoup Jean-Baptiste Maunier dans le film « Les Choristes »[1], Marianne et Hugo voudraient bien le DVD, mais c'est trop cher ... Ils regardent les bédés. Adèle aime beaucoup Titeuf.
Marianne: On achète un album de Titeuf?
Hugo: Hum ... Elle a déjà[2] des tas de bédés ... On peut acheter un CD de « Louise Attaque ».
Marianne: Elle n'écoute plus « Louise Attaque ». Elle n'écoute pas de CD en ce moment[3]. Regarde, le porte-monnaie: huit euros cinquante, ce n'est pas cher.
Hugo: Bof, elle a déjà un porte-monnaie.
Ils vont au rayon des sacs. Il est très grand. Les sacs coûtent entre soixante et cent euros. C'est aussi trop cher ... Maintenant, ils regardent les animaux en peluche.
Marianne: Oh, regarde l'ours en peluche! C'est sympa, un ours en peluche! Et pour dix euros, c'est super!
Hugo: Marianne, Adèle a DOUZE ans, pas DEUX.
Marianne: Bon, bon, ça va ... Hum ... J'ai une idée! On achète une place de ciné.
Hugo est d'accord. Ils vont au cinéma, ils achètent deux places, une pour Adèle et une pour sa copine, pour le film « Les Mots bleus »[4].

1 dt. Titel: Die Kinder des Monsieur Mathieu – 2 déjà schon – 3 en ce moment zur Zeit – 4 dt. Titel: Worte in Blau

1 *Lis le texte, coche la bonne réponse ou complète la phrase.*
Lies den Text, kreuze die richtige Antwort an oder vervollständige den Satz.

1. Marianne et Hugo sont en ville avec Adèle.
☐ vrai ☐ faux ☐ pas dans le texte

2. Adèle est la sœur de Marianne et d'Hugo.
☐ vrai ☐ faux ☐ pas dans le texte

3. Pour l'anniversaire d'Adèle, ils veulent acheter

☐  ☐  ☐ 

4. Samedi, Adèle a
☐ 11 ans. ☐ 12 ans. ☐ 13 ans.

5. Ils n'achètent pas le DVD du film « Les Choristes »
☐ parce que le film coûte trop cher.
☐ parce qu'Adèle n'aime pas le film.
☐ parce qu'Adèle préfère la musique.
☐ parce qu'Adèle a déjà beaucoup de DVD.

6. Ils n'achètent pas de bédé
- ☐ parce qu'Adèle n'aime pas les bédés.
- ☐ parce qu'Adèle préfère un film.
- ☐ parce qu'Adèle préfère la musique.
- ☐ parce qu'Adèle a déjà beaucoup de bédés.

7. Ils n'achètent pas le CD de « Louise Attaque »
- ☐ parce que le CD coûte trop cher.
- ☐ parce qu'Adèle n'aime plus leur musique.
- ☐ parce qu'Adèle préfère un film.
- ☐ parce qu'Adèle a déjà beaucoup de CD.

8. Ils n'achètent pas de porte-monnaie
- ☐ parce que le porte-monnaie coûte trop cher.
- ☐ parce qu'Adèle a déjà un porte-monnaie.

9. Les sacs coûtent entre ________ et ________ euros. (Trage den Preis in Ziffern ein.)

10. Un ours en peluche coûte ________ euros. (Trage den Preis in Ziffern ein.)

11. Qu'est-ce qu'ils achètent enfin pour l'anniversaire d'Adèle?

Grammaire Grammatik

2 *Forme les phrases. Utilise le verbe* aller *et* à la / à l' / au / aux.
Bilde Sätze mit dem Verb aller und à la / à l' / au / aux.

1. – Tu ____ ?
– Non, je ____ .

2. – Tu ____ ?
– Non, je ____ .

3. – Tu ____ ?
– Non, je ____ .

3 *Complète. Utilise les verbes* aller, mettre, acheter.
Ergänze mit einer Form von aller, mettre, acheter.

1. – Anna, tu vas au marché aujourd'hui?
   – Oui. Qu'est-ce que j'achète?
   – Tu ________ des pommes de terre, des oranges et un concombre.
   – Où est-ce que je ________ les fruits et les légumes?
   – Voilà un sac.
2. – Mireille et Sandrine, vous ________ au cinéma ce soir?
   – Non, nous n'________ pas au ciné, nous avons des devoirs.
3. – Maman, je ________ chez Séverine maintenant, d'accord?
   – Oui, mais d'abord, tu ________ tes photos dans un carton.
4. Paul et Pascal cherchent un cadeau pour leur ami Tarik. Alors, ils ________ au marché aux puces. Là, ils ________ une bédé de Tintin.
5. – Les enfants, vous ________ les assiettes sur la table, s'il vous plaît. Maman rentre bientôt[1]: elle ________ encore un pain à la boulangerie.

1 bientôt bald

4 *Complète. Utilise* de, d', des. Ergänze mit de, d', des.

1. – Sandrine, est-ce qu'on a encore ________ légumes?
   – On a encore ________ poivrons, mais on n'a plus ________ carottes.
   – Alors, Sandrine, tu achètes deux kilos ________ carottes, s'il te plaît.
2. Aujourd'hui, les élèves de la sixième A ont beaucoup ________ devoirs. Ils ont ________ exercices d'allemand, de maths et de géographie. Ils ont trop ________ devoirs.
3. – Maman, nous n'avons plus ________ chocolat.
   – Mais Jérémie, nous avons encore assez ________ chocolat. Regarde, il y a encore trois tablettes ________ chocolat dans la cuisine. Ta sœur et toi, vous mangez toujours trop ________ chocolat. Tu peux acheter ________ fruits.

4. Aujourd'hui, Lucie veut faire un gâteau pour l'anniversaire de mémé. Elle met 250 grammes ________ farine et un peu ________ beurre dans la pâte[1].

1 la pâte der Teig

5 *Complète. Utilise le verbe* acheter *ou un adjectif.*
Ergänze mit einer Form von acheter oder einem Adjektiv.

Lucie et ses copines sont au marché aux puces.

Lucie: C'est l'anniversaire de maman demain. Qu'est-ce que j'________________?

Manon: Regarde l'assiette là-bas.

Lucie: Je ne sais pas. Elle n'est pas ________________ (grand) et elle est très ________________ (cher).

Le marchand: Mais, mademoiselle, c'est une assiette de Limoges!

Pauline: Mais elle est ________________ (petit) et elle a un défaut. On n'________________ pas une assiette comme ça à 32 euros.

Manon: Laisse tomber, Pauline. Lucie, pourquoi[1] tu n'________________ pas une lampe pour sa chambre?

Lucie: Je ne sais pas.

Pauline: Regarde les éléphants en peluche là-bas. Ils sont super.

Lucie: Ils sont ________________ (grand), mais ils sont très ________________ (cher). Et maman n'aime pas les éléphants.

Pauline: Est-ce qu'elle aime le sport, ta mère?

Lucie: Oui, elle est ________________ (fort) en handball. Pourquoi[1]?

Manon: Tu peux ________________ des rollers pour ta mère. Là-bas, il y a des rollers pour 16 euros!

Pauline: 16 euros pour des rollers, c'est génial! Alors nous ________________ des rollers pour ta mère.

Lucie: Ah non, regarde. Ils sont trop ________________ (petit).

1 Pourquoi? Warum?

5

Vocabulaire Wortschatz

6 *Complète. Trouve le mot-clé et écris-le avec l'article défini.* Vervollständige die Sätze. Finde das Lösungswort und schreibe es mit dem bestimmten Artikel.

1. Aux Galeries Lafayette, Léa et Marie vont au __________ des animaux en peluche.
2. Pardon, madame, la place Bellecour, c'est encore __________?
3. Tu vas au __________ ce soir? Il y a un film avec Ludivine Sagnier.
4. Achète un kilo de __________ pour le gâteau.
5. Tu achètes un __________ pour la salade?
6. Ma chambre est __________ mais très sympa.
7. Je ne __________ pas mon livre de géographie.
8. Léo, tu mets les __________ sur la table, s'il te plaît.
9. Lucas, tu peux mettre les légumes dans le __________.
10. __________ coûtent les abricots?
11. Notre collège est très __________: il y a 700 élèves.
12. Lisa achète une __________ d'eau.

le mot-clé: __________

Production de texte Textproduktion

7 Du bist in Frankreich und gehst mit deinen Eltern auf dem Markt einkaufen. Deine Eltern sprechen kein Französisch. Du übernimmst die Rolle des Dolmetschers.

Deine Mutter will wissen, was die Tomaten kosten.

Toi: __________

Le marchand: 2 euros 10 le kilo.

Toi: ___

Deine Mutter findet die Tomaten nicht teuer. Du sollst ein Kilo Tomaten kaufen.

Toi: ___

___

Deine Mutter möchte noch zwei Kilo Kartoffeln. Du nimmst außerdem noch zwei Gurken für deinen Vater.

Toi: ___

___

Le marchand: Voilà vos légumes. Les concombres coûtent 50 centimes la pièce.

Toi: ___

___

5

Dein Vater möchte wissen, ob der Händler Zwiebeln hat.

Toi: ___

Le marchand: Oui, bien sûr.

Toi: ___

Dein Vater sagt, du sollst fünf Zwiebeln kaufen.

Toi: ___

Le marchand: Voilà. Ça fait 8 euros 45.

Toi: ___

Le marchand: Et voilà 1 euro 55 pour toi. On ne va pas loin avec 1 euro 55. Tu achètes une tablette de chocolat avec ça?

Du sagst dem Händler, dass dir Obst lieber ist.

Toi: ___

Le marchand: C'est bien. Voilà deux abricots et deux pêches pour toi. Au revoir.

Du bedankst dich und verabschiedest dich.

Toi: ___

Klassenarbeit B

Compréhension orale Hörverstehen

1 *Écoute le texte, coche la bonne réponse ou complète la phrase.* Höre den Text, kreuze die richtige Antwort an oder ergänze den Satz. Manchmal müssen mehrere Antworten angekreuzt werden.

10

1. Ce soir, Mme Gauthier mange avec sa famille. ☐ vrai ☒ faux
2. Qui fait les courses? ☐ M. Gauthier ☒ Mme Gauthier ☒ Nicolas et Sophie
3. Qu'est-ce qu'il y a à manger ce soir?

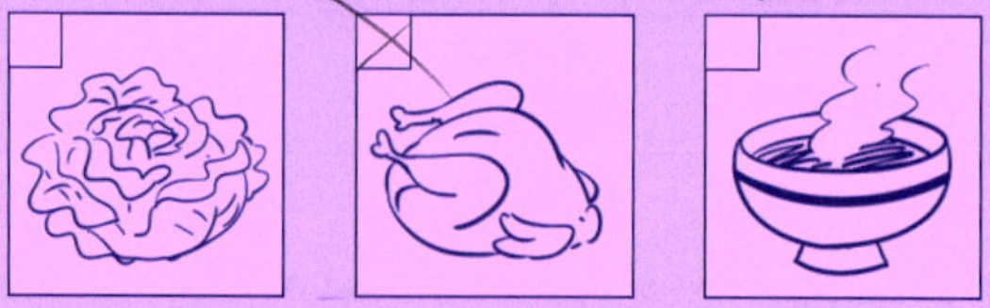

4. Qui va au marché? ☐ Mme Gauthier ☐ M. Gauthier ☐ Sophie ☐ Nicolas
5. Qui va au supermarché? ☐ Mme Gauthier ☐ M. Gauthier ☐ Sophie ☐ Nicolas
6. Qu'est-ce qu'ils achètent et combien? Was wird eingekauft und wie viel? Kreuze an, was gekauft wird und notiere die Menge. Wenn etwas gekauft, die Menge aber nicht angegeben wird, kreuze an und füge ein [?] hinzu.

7. Qui va à la boulangerie? ☐ Mme Gauthier ☐ M. Gauthier ☐ Sophie ☐ Nicolas
8. Qui prépare le dîner? ☐ Mme Gauthier ☒ M. Gauthier ☐ Sophie ☐ Nicolas
9. Qui met les assiettes sur la table? ☐ Mme Gauthier ☒ Sophie et Nicolas ☐ M. Gauthier
10. Nicolas met le pain sur la table. ☐ vrai ☒ faux

Grammaire Grammatik

2

2 *Où est Paul? Utilise* au, à la, à l', aux *et un nom.*
Verwende au, à la, à l', aux und ein Nomen.

1. Il a un cours de maths.

   Il est ______________________________

2. Il mange avec ses copains et une surveillante.

____

3. Il achète des fruits et des légumes.

____

4. Il achète un pain et un gâteau.

____

5. Il achète une place pour un film.

____

6. Il range sa chambre.

____

7. Il achète un CD pour sa sœur.

____

8. Il regarde des éléphants et des clowns.

____

5

3 *Regarde les images et complète.* Betrachte die Bilder. Ergänze mit einer Mengenangabe oder einer Form von acheter.

Laure et sa mère font les courses au supermarché.

Elles ______________ d'abord ______________________________ 

et ______________________________________ . 

– Maman, j'______________ encore ______________________________

______________  , d'accord?

– Ah non, pas de chocolat. Mais on ______________ encore ______________________ . 

– On mange un poulet ce soir? J'aime bien le poulet.

– Regarde, Laure. Les poulets sont trop chers. Nous ______________________

______________________________________ . 

– Maman, tu ______________ encore ______________________ 

pour mon bricolage? ...

4 *Théo n'est pas d'accord. Complète. Utilise la forme de l'adjectif qui convient.*
Théo ist nie einverstanden. Ergänze mit der entsprechenden Form des Adjektivs.

1. – Est-ce qu'on achète des poulets?

– Non, ils sont trop ________________ (petit).

2. – On va à la piscine[1]?

– Non, l'eau est trop ________________ (froid).

3. – Est-ce qu'on achète des abricots?

– Non, ils sont trop ________________ (cher).

4. – Tu manges des frites?

– Non, elles sont toujours trop ________________ (froid).

5. – Ils sont bien, tes rollers.

– Oui, mais ils sont trop ________________ (grand).

6. – Je mets les assiettes de Limoges?

– Non, elles sont trop ________________ (petit).

7. – Tu aimes les oranges?

– Oui, mais les oranges sont toujours très ________________ (cher).

8. – On prépare des carottes pour le dîner?

– Ah non, les carottes sont toujours trop ________________ (chaud).

1 la piscine das Schwimmbad

5 *Complète. Utilise les formes de* mettre *et traduis les expressions de quantité.*
Ergänze mit den Formen von mettre und den französischen Entsprechungen der Mengenangaben.

1. – Est-ce que tu ________ ____________ beurre dans les truffes au chocolat? (viel)
   – Oui, mais je ________ aussi ____________ crème. (ein bisschen)
2. Mes grands-parents ____________ toujours ____________ miel dans les truffes au chocolat. (zu viel)
3. Arrête, Myriam, il y a ____________ oignons dans la salade. (genug)
4. Léonie ________ ses photos dans des cartons. Elle a ____________ photos. (eine ganze Menge)
5. – Monsieur, vous ____________ votre nom sur la liste, s'il vous plaît.
   – Je veux bien, mais il ________ y a ________ place. (kein ... mehr)

Les nombres Die Zahlen

6 *Écoute les phrases et note les prix. Puis écris les prix en toutes lettres.*
Höre die Äußerungen und notiere die Preise (in Ziffern). Schreibe anschließend die Zahlen aus.
11

1. ____________________________________
2. ____________________________________

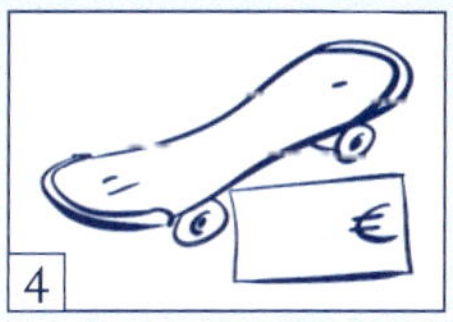

3. ____________________________________
4. ____________________________________

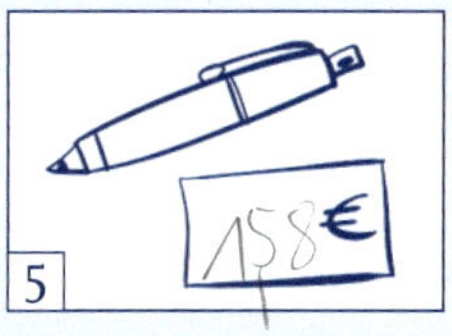

5. ____________________________________
6. ____________________________________

7 *Note les nombres en chriffres.* Schreibe die Zahlen in Ziffern.

cinquante-six ________

quatre-vingt-sept ________

soixante-neuf ________

Production de texte Textproduktion

8 *Écris la lettre à Manon dans ton cahier.* Schreibe den Brief an Manon in dein Heft. Denke an die Anrede und einen Gruß am Schluss.

Deine französische Brieffreundin Manon hat nach ihrem Besuch in deiner Familie ihren Eltern von dem herrlichen Apfelkuchen und der Gemüsesuppe erzählt, die sie bei euch gegessen hat. Ihre Mutter möchte unbedingt die Rezepte haben. Manon bittet dich, ihr die Zutatenliste mit den Mengenangaben zu schicken, da ihre Mutter auch ohne Backanleitung zurechtkommt. Deine Mutter gibt dir die Rezepte[1].

APFELKUCHEN
5 Äpfel
60 g Butter
1 Tasse Zucker
125 g Mehl
etwas Milch
2 Eier
etwas Salz
etwas Honig
1 Becher Sahne

GEMÜSESUPPE[2]
1 kg Kartoffeln
500 g Karotten
2 Zwiebeln
100 g Butter
1 Becher Sahne
1 Hähnchen (für die Brühe[3])
etwas Salz

1 die Rezepte les recettes
2 die Suppe la soupe
3 für die Brühe pour le bouillon

Entraînement à l'expression orale Hör- und Sprechtraining

9 *Écoute le dialogue, répète et note les phrases.* Hör den Dialog. Sprich an den Stellen, an denen eine Pause ist, den Satz nach und notiere ihn, nachdem du ihn zum zweiten Mal gehört hast.

12

Nous sommes chez les Gauthier à Lyon. Voilà Mme Gauthier et ses enfants Sophie et Nicolas.

Mme Gauthier: ______________________________, je ne peux pas manger à la maison et votre père rentre tard aussi. Alors, les enfants, vous pouvez faire les courses?

Sophie: Oui, pas de problème. ______________________________?

Mme Gauthier: On peut faire un poulet à la crème. Achetez un poulet et un pot de crème.

Nicolas: ______________________________ avec le poulet, maman?

Mme Gauthier: Oui, mais on n'a plus beaucoup de tomates. Nicolas, s'il te plaît, tu vas au marché et ______________________________, deux poivrons, des oignons et un concombre.

Sophie: Moi, ______________________________. J'achète le poulet, le pot de crème et des bouteilles d'eau.

Mme Gauthier: D'accord. Papa peut acheter un peu de pain à la boulangerie.

Sophie et Nicolas font les courses. Ils rentrent. Leur père est déjà là.

M. Gauthier: Bonsoir, les enfants! Ça va? ______________________________?

Nicolas: Une salade et un poulet à la crème.

UNITÉ 6 *Au collège*

Klassenarbeit A

Compréhension écrite Leseverstehen

Alexis n'aime pas le lundi

Le réveil sonne à six heures trente: Il pleut[1] et c'est lundi. Alexis a sept heures de cours: deux heures de français, une heure de géographie, une heure d'anglais, deux de maths et une de dessin. Il n'est pas très bon en français, il est assez bon en géo, mais il est nul en anglais, il est bon en dessin, mais le prof n'est pas sympa et les cours de maths ne sont pas intéressants. C'est l'horreur!

Il va être sept heures. Alexis n'est pas en avance. Il prend son petit-déjeuner. Il n'y a plus de beurre ... Le chocolat est trop chaud et son bus est à sept heures et quart.

Alexis arrive à sept heures dix-sept à l'arrêt de bus[2], c'est trop tard, le bus n'est plus là. Il va au collège à pied. Il pleut encore, Alexis est triste. Il arrive en cours à huit heures dix. Sa prof de français n'est pas contente. « Tu es en retard, Alexis. Ton réveil ne marche plus? Allez hop, prends ton livre, page 57! » Alexis n'a pas son livre de français, il est à la maison sur l'étagère, c'est la catastrophe!

1 il pleut es regnet – 2 l'arrêt de bus *m.* die Bushaltestelle

1 *Lis le texte et coche les bonnes réponses ou complète.* Lies den Text und kreuze die passende Antwort an oder setze ein. Manchmal müssen mehrere Antworten angekreuzt werden.

1. Le réveil d'Alexis sonne. Il est quelle heure?

2. C'est quel jour?

Montag	Dienstag	Mittwoch	Donnerstag	Freitag	Samstag	Sonntag

3. Complète l'emploi du temps d'Alexis. Welche Fächer hat Alexis an diesem Tag? Vervollständige Alexis' Stundenplan mit den Buchstaben A–H.

heure	matières[1]
1	
2	
3	
4	
déjeuner	
5	
6	
7	
8	

1 les matières die Fächer

A

B

C

D

E

F

G

H

4. Alexis est bon en

5. Alexis aime son prof de dessin. ☐ vrai ☐ faux

6. Alexis aime les maths. ☐ vrai ☐ faux

7. À 7 heures, Alexis est un peu en retard. ☐ vrai ☐ faux

8. Pour le petit-déjeuner, il y a

9. Le bus arrive à ______________ heures. (Trage die Uhrzeit in Ziffern ein.)

10. Comment est-ce qu'Alexis va au collège?

11. Alexis arrive au collège à ______________ heures. (Trage die Uhrzeit in Ziffern ein.)

12. La prof de français est ☐☺ ☐☹

13. Alexis a son livre de français ☐ dans sa chambre. ☐ chez un copain. ☐ à l'arrêt de bus.

Grammaire Grammatik

2 *Complète.* Ergänze.

[1] *Utilise le verbe au présent.* Verwende das Verb im Präsens.
[2] *Utilise la forme de l'adjectif qui correspond.* Verwende die entsprechende Form des Adjektivs.
[3] *Mets l'article défini, si nécessaire.* Setze, wenn nötig, den bestimmten Artikel.

C'est __________ [3] jeudi. Aujourd'hui, Manon ne ______________________ [1] (prendre) pas le bus. Elle va à l'école à pied. Elle est très ______________________ [2] (content) parce qu'elle a deux heures de français aujourd'hui. Manon est ______________________ [2] (bon) en français, les cours sont ______________________ [2] (intéressant), la prof est ______________________ [2] (sympa) et Manon aime les livres. En ce moment, les élèves ______________________ [1] (apprendre) une fable. Et __________ [3] jeudi, ils préparent toujours un quiz sur les livres: Un ou une élève pose des questions, les autres ______________________ [1] (répondre) à ses questions.

L'après-midi, après les cours, Manon ______________ [1] (attendre) Tarik devant l'école.

Manon: On a des devoirs de maths pour demain?

Tarik: Oui. Toi, tu ______________ [1] (comprendre) les exercices?

Manon: Non, pas très bien. Et toi?

Tarik: Ah, non. Je suis ______________ [2] (nul) en maths.

Manon: Tu ne peux pas faire les exercices avec tes frères?

Tarik: Si, mes frères sont très ______________ [2] (fort) en maths. Mais ________ [3] jeudi après-midi, ils ont toujours leur club-photo. Qu'est-ce que tu fais maintenant?

Manon: Moi, je vais chez mémé. Nous ______________ [1] (attendre) tatie Sylvie et nous allons à la piscine ensemble.

Tarik: Écoute, ________ [3] lundi, nous avons une interro de géo. On ______________ [1] (apprendre) ensemble la leçon de géo, ________ [3] samedi?

Manon: Non, je vais chez mes cousins à Châtillon. Je ______________ [1] (prendre) le train ________ [3] vendredi à 18 heures avec ma mère.

3 *Yannick parle de la semaine prochaine à sa mère. Complète.*
Yannick spricht mit seiner Mutter über die Aktivitäten der kommenden Woche. Ergänze.
[1] *Mets le jour de la semaine.* Ergänze den Wochentag.
[2] *Utilise le verbe au futur composé.* Verwende das Verb im futur composé.

3 avril — 1. Lundi, je ______________ [2] (travailler) avec mon ami Patrick.

4 avril — 2. ______________ [1], on ______________ [2] (ne pas / manger) à la cantine parce qu'on va au cirque.

5 avril — 3. ______________ [1] après-midi, Patrick et Julien ______________ [2] (faire) un tour en ville. Alors, je peux aller chez mémé.

6 avril — 4. ______________ [1], ils ______________ [2] (préparer) leur interrogation. Alors, je suis libre.

7 avril — 5. ______________ [1], à 4 heures, Julien ______________ [2] (photographier) le quartier. Moi, je ne peux pas. J'ai cours jusqu'à 5 heures.

6

8 avril 6. Enfin, ________________ [1], nous ________________ [2] (regarder) ensemble un film au cinéma.

9 avril 7. – Et ________________ [1], papa et toi, vous ________________ ________________ [2] (ne pas / faire) un tour avec les Dubois?

– Non, nous n'avons pas le temps.

4 *Julie, la sœur de Quentin, pose toujours beaucoup de questions. Voilà les réponses de Quentin. Trouve les questions.* Finde die entsprechende Frage.

1. – ________________ ________________?

– Aujourd'hui, j'ai cours jusqu'à quatre heures.

2. – ________________ ________________?

– J'ai mon cours de clarinette demain après-midi.

3. – ________________?

– Jeudi, je rentre à trois heures.

4. – ________________?

– Dimanche, je vais à la piscine avec Marion.

5. – ________________?

– Je suis triste parce que je ne trouve plus le cadeau de mon copain.

6. – ________________?

– Il est sept heures et demie. Vite, on mange!

Vocabulaire Wortschatz

5 *Trouve le contraire des mots soulignés.* Finde das Gegenteil der unterstrichenen Wörter.

1. Julie est forte en maths, mais elle est ________________ en allemand.

2. Pendant le cours, les enfants travaillent dans la salle de classe, pendant ________________, ils jouent dans la cour.

3. La prof de maths pose une question et Valentin ______________________________.

4. Aujourd'hui, Sarah est en avance pour le cours de danse, mais Aurélie est ____________________.

5. J'aime le poulet chaud, mais à la cantine, il est toujours ____________________.

6. Marion est triste parce qu'elle a un six en géographie. Son copain Romain a un dix-huit, il est très

____________________.

7. Le matin, nous prenons ____________________ à sept heures, le soir, on prépare le dîner à

dix-neuf heures.

8. Je vais faire mes devoirs avant le dîner. ____________________ le dîner, je voudrais regarder la télé.

Production de texte **Textproduktion**

6 *Regarde les images et raconte la journée de Juliette. Écris au moins deux phrases pour chaque image dans ton cahier. Note aussi l'heure.* Beschreibe den Tagesablauf von Juliette. Schreibe zu jedem Bild mindestens zwei Sätze in dein Heft. Gib auch die Uhrzeiten an.

6

Klassenarbeit B

Compréhension orale Hörverstehen

Im Text kommen zwei Städtenamen vor: Nice [nis] (= Nizza, Stadt in Südfrankreich); Nuremberg [nyʀɛ̃bɛʀ] (= Nürnberg).

1 *Écoute le texte, coche la bonne réponse ou complète.* Höre den Text, kreuze an oder setze ein.

13

1. Comment est-ce que Marion et Claire vont à l'école?

2. Il est quelle heure?

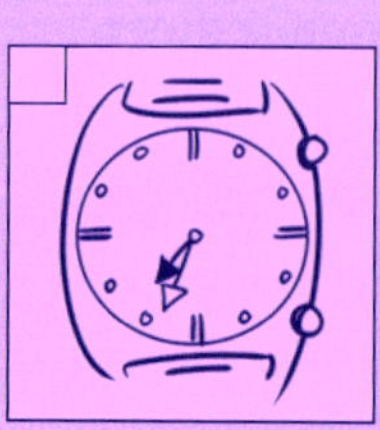

3. À quelle heure est-ce que le bus arrive?

4. Le cours d'allemand de Marion commence à ________ heures.

5. Dans son cours d'allemand, Claire fait
   ☐ un projet avec une école en Allemagne.
   ☐ un texte sur deux élèves d'Allemagne.

6. Marion a cours jusqu'à ________ heures.

7. Claire a cours jusqu'à ________ heures.

8. Antoine a cours jusqu'à ________ heures.

9. Après l'école, Claire
   ☐ rentre à la maison.
   ☐ fait un cours de danse.
   ☐ va chez Antoine.

2 *Complète.* Ergänze.
[1] *Utilise le verbe au futur composé.* Verwende das Verb im futur composé.
[2] *Mets la forme de l'adjectif qui convient.* Verwende die entsprechende Form des Adjektivs.
[3] *Mets le pronom interrogatif.* Ergänze das Fragewort.

À sept heures, la mère de Louise entre dans la chambre de sa fille: « Vite, Louise. Tu ________________ [1] (être) en retard. » … À sept heures et demie, elles prennent le petit-déjeuner. Louise est ________________ [2] (content) parce qu'elle ________________ [1] (avoir) deux heures de dessin. Et Louise est ________________ [2] (bon) en dessin.

La mère: ________________ [3] est-ce que tu ________________ [1] (rentrer) aujourd'hui?

Louise: J'ai cours jusqu'à cinq heures.

La mère: Alors, nous ________________ [1] (manger) ensemble. Moi, je ne travaille pas tard aujourd'hui. Je ________________ [1] (préparer) un poisson …

Le soir, Louise est ________________ [2] (triste) parce qu'elle a un 5 en allemand. Elle discute avec sa mère.

La mère: ________________ [3] est-ce que tu as des problèmes en allemand?

Louise: Je ne sais pas. Je suis ________________ [2] (nul) en allemand. Pour moi, les exercices ne sont pas ________________ [2] (simple).

La mère: ________________ [3] est-ce que tu ne fais pas tes devoirs d'allemand avec ta copine Inès? Elle est ________________ [2] (fort) en allemand.

Alors Louise demande à[1] Inès. Inès est d'accord:

Inès: C'est génial! ________________ [3] est-ce qu'on ________________ [1] (travailler)? À l'école?

Louise: On peut travailler dans ma chambre. …

Cinq semaines après, les deux copines sont très ________________ [2] (content). Louise a un 15 à son interro d'allemand!

Louise: Je préfère toujours le dessin, mais les cours d'allemand sont ________________ [2] (intéressant).

1 demander à qn jdn fragen

6

3 *Complète. Utilise une forme de* prendre, apprendre, comprendre *ou* attendre.
Ergänze mit einer Form von prendre, apprendre, comprendre oder attendre.

Claire et Maxime sont en sixième. Aujourd'hui, ils font les courses ensemble pour le dîner. Maxime

______________________ Claire devant sa maison. Au supermarché, ils ______________________ des fruits.

Maxime: Tu ______________________ aussi des concombres?

Claire: Oui, je ______________________ des concombres et des poivrons.

Après les courses, Maxime va au conservatoire en bus. Là, il ______________________ la trompette. Le bus

est en retard. Alors, Maxime ______________________ dix minutes.

Maxime: Je rentre à six heures. On peut faire les devoirs ensemble.

Claire: D'accord. D'abord, on ______________________ la leçon d'allemand. Et après, nous

______________________ le poème[1] de Chapouton, d'accord?

Le soir, les deux copains ______________________ d'abord le poème. Après, ils ______________________

leurs livres de maths et ils font les devoirs de maths ensemble.

Maxime: Ah, pour moi, les maths, ce n'est pas simple, mais maintenant je ______________________ les

exercices.

1 le poème das Gedicht

4 *Traduis.* Übersetze.

1. Montags morgens klingelt der Wecker von Lucas um 6 Uhr 30. Montags hat er um 8 Uhr Unterricht.

____

____

2. Mittwochs kommt die Mutter von Valentin spät nach Hause, weil sie bis 21 Uhr arbeitet.

____

____

3. – Gehst du am (nächsten) Donnerstag ins Schwimmbad?
   – Nein, donnerstags habe ich immer meinen Tanzunterricht.

____

____

4. – Gehen wir am Sonntag ins Kino?
   – Nein, sonntags bin ich immer bei meinen Großeltern.

___

___

Vocabulaire Wortschatz

5 *Complète avec les mots que tu trouves dans la grille. Les lettres qui restent donnent un message.* Ergänze mit den Wörtern, die du im Wortraster findest. Die Buchstaben, die übrig bleiben, ergeben eine Nachricht.

L	S	U	P	C	C	O	U	R	S
I	E	F	A	B	L	E	E	E	T
V	M	V	G	A	À	P	I	E	D
I	A	L	E	N	T	I	N	V	
T	I	B	U	L	L	E	T	I	N
E	N	C	E	M	O	M	E	N	T
O	E	N	T	A	L	L	E	R	A
A	P	I	S	C	I	N	E	U	R
C	O	N	S	E	R	V	A	T	D
R	É	C	R	É	A	T	I	O	N
O	I	R	M	O	N	T	R	E	E

1. Aujourd'hui, les élèves apprennent une ______ de La Fontaine: La Cigale et la Fourmi.
2. Prenez vos livres à la ______ 72.
3. Claire est contente: C'est vendredi, la fin de la ______.
4. À 10 h 15, la sixième C a un ______ de maths.
5. Pendant la ______, les enfants jouent dans la cour.
6. Va au lit, Lucie! Il est déjà ______!
7. Regarde le ______ de Philippe: Il a un 18 en maths et un 16 en allemand et en français.
8. ______, Adèle n'écoute pas de CD.
9. Aujourd'hui, Victor ne prend pas le bus. Il va à l'école ______.
10. En cours de dessin, le temps passe ______.
11. Manon regarde sa ______: Il est déjà cinq heures!
12. Mercredi, Élisa va à la ______ avec ses copines.

Le message, c'est: ______

___

Production de texte Textproduktion

6 *Écris un message à ton correspondant Tarik dans ton cahier.*
Schreibe eine E-Mail an deinen Brieffreund Tarik in dein Heft.

- Du bedankst dich für seine E-Mail.
- Du schreibst, dass du auch sehr viel für die Schule arbeitest.
- Du beschreibst deinen Tagesablauf: wann dein Wecker klingelt, wann du in die Schule gehst, bis wann du Unterricht hast, wann du nach Hause gehst, wann du Hausaufgaben machst.
- Du sagst, welche beiden Fächer du magst und welche beiden Fächer du gar nicht magst und begründest, warum. Du nennst zwei Fächer, in denen du gut bist und zwei Fächer, in denen du schlecht bist.
- Du fragst, bis wann Tarik Unterricht hat und ob er die Fächer, die du gern magst, auch mag.

Achte in deiner E-Mail auf die Begrüßungs- und Abschiedsformel.

Entraînement à l'expression orale Hör- und Sprechtraining

7 *Écoute le dialogue, répète et note les phrases.* Höre den Dialog. Sprich an den Stellen, an denen eine Pause ist, den Satz nach und notiere ihn, nachdem du ihn zum zweiten Mal gehört hast.

14

Le matin

C'est jeudi matin. Marion et Claire attendent à l'arrêt de bus.

Claire: Pourquoi est-ce que le bus n'arrive pas? ______________________________ au cours d'allemand.

Marion: Mais non, Claire, il est huit heures moins vingt-cinq. Le bus arrive à huit heures moins dix-huit. Moi aussi, j'ai allemand, mais à dix heures.

Antoine: Salut, les filles!

Les filles: Salut, Antoine!

Antoine: ______________________________, non?

Claire: Ben non, il est huit heures moins vingt.

Antoine: Ah bon, à ma montre, ______________________________ …
Vous avez cours jusqu'à quelle heure, aujourd'hui?

Marion: Moi, ______________________________. Et toi, Claire?

Claire: Moi, jusqu'à quatre heures.

Antoine: Moi aussi, j'ai cours jusqu'à quatre heures. ______________________________, Claire?

Claire: Non, parce que, après l'école, j'ai mon cours de danse.

UNITÉ 7 *Lyon, notre ville: un dossier*

Klassenarbeit A

Compréhension écrite Leseverstehen

Chez Aurélie

Lise vient de Bruxelles. Elle passe une semaine chez son amie Aurélie Fontaine. Aurélie et ses parents habitent à la campagne, à Dardilly, près de Lyon. Le père d'Aurélie travaille au conservatoire de Lyon et sa mère travaille à la cantine du collège de Dardilly. Voilà un message de Lise à ses parents:

Chers parents,
Comment allez-vous? Moi, ça va très bien. La famille d'Aurélie est super sympa, je l'aime beaucoup. Aurélie et moi, nous sortons quand nous voulons. À Lyon, on visite des tas de trucs: les traboules, le Gros Caillou, le marché aux puces, le parc de la Tête d'Or avec ses fleurs, j'adore! Le Jardin des plantes aussi! On fait des promenades sur les quais de la Saône. Mais une ville, c'est une ville. Moi, je préfère être à Dardilly. C'est assez petit, mais c'est super et ce n'est pas comme à Bruxelles. Ici, on respire et les gens parlent à leurs voisins. Les parents d'Aurélie ont une maison. La chambre d'Aurélie est petite, mais elle est très sympa. Quand il fait chaud on peut sortir dans le jardin. Il est grand, il y a des tas de fleurs parce que la mère d'Aurélie adore ça.
Ce soir, on va manger des quenelles[1]. Les parents d'Aurélie vont les faire pour moi. Miam miam!
Chers parents, vous avez le bonjour des Fontaine. À samedi, à six heures dix à la gare!
Lise

1 la quenelle längliches Fisch- oder Hähnchenklößchen

1 *Lis le texte et coche les bonnes réponses. Puis note la bonne phrase.* Lies den Text und kreuze die richtigen Antworten an. Notiere dann den jeweils passenden Satz aus dem Text.

1. La famille de Lise vient de Dardilly. ☐ vrai ☐ faux

____

2. Aurélie habite à Lyon. ☐ vrai ☐ faux

____

3. Dardilly, c'est un quartier de Lyon. ☐ vrai ☐ faux

____

4. Le père d'Aurélie travaille à Lyon. ☐ vrai ☐ faux

____

5. La mère d'Aurélie travaille à Dardilly. ☐ vrai ☐ faux

____

6. Le message est pour ☐ les parents de Lise. ☐ Aurélie. ☐ les parents d'Aurélie.

7. Lise aime bien sa semaine dans la famille d'Aurélie. ☐ vrai ☐ faux

8. Lise et Aurélie peuvent sortir quand elles veulent. ☐ vrai ☐ faux

9. Lise ne veut pas visiter la ville de Lyon. ☐ vrai ☐ faux

10. Lise préfère la vie ☐ à Bruxelles. ☐ à Dardilly. ☐ à Lyon.

11. La famille d'Aurélie habite dans un appartement. ☐ vrai ☐ faux

12. La famille d'Aurélie a un jardin. ☐ vrai ☐ faux

13. Lise va rentrer en

☐  ☐ 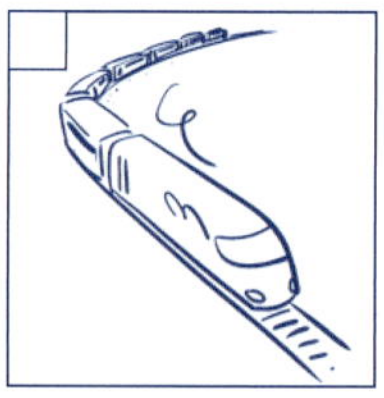 ☐ 

Grammaire Grammatik

2 *Complète.* Ergänze.
[1] *Utilise le verbe au présent.* Verwende das Verb im Präsens.
[2] *Utilise la préposition* à *ou* de. *Attention à l'article contracté.* Verwende die Präposition à oder de. Aufgepasst: Manchmal musst du die Präposition mit dem Artikel verbinden.

Lundi soir, il y a un cirque à Lyon. Amélie et Éléna veulent acheter des places. Les deux filles demandent ________ [2] leurs parents. Ils ________ [1] (dire) oui. Amélie et Éléna sont très contentes: Lundi, elles ________ [1] (sortir)! Et ... leur copine Sarah ________ [1] (venir) aussi.

Lundi soir, Amélie et Éléna ______________ [1] (sortir) ______________ [2] maison à 18 heures 20. Leur bus ______________ [1] (partir) à 18 heures 30. Le spectacle est à 19 heures. Sarah les ______________ [1] (attendre) à l'arrêt de bus[1].

Quand elles rentrent, les parents posent beaucoup de questions ________ [2] leurs filles: Amélie parle ________ [2] clown, Éléna parle ________ [2] éléphants.

Mardi matin, au collège, les trois filles ______________ [1] (répondre) ________ [2] questions de leurs copains.

Pendant le cours d'allemand, elles n'écoutent pas. Elles rêvent. La prof ______________ [1] (dire): Hé, les filles, vous m'______________ [1] (entendre)? Aujourd'hui, l'allemand, ça ne vous intéresse pas? Alors, racontez une histoire de cirque ________ [2] vos copains.

Amélie: Gestern war ich im Zirkus ...

1 l'arrêt de bus *m.* die Bushaltestelle

3 *Complète.* Ergänze.

[1] *Utilise la préposition* à *ou* de. *Attention à l'article contracté.*
Verwende die Präposition à oder de. Achte auf den zusammengezogenen Artikel.

[2] *Utilise un pronom d'objet direct.* Verwende ein direktes Objektpronomen.

1. – Tu vas ________ [1] marché et tu achètes des andouillettes pour le dîner, s'il te plaît.
   – Je vais ________ [2] acheter chez M. Bouchard. Je n'aime pas les andouillettes ________ [1] marché.
2. – Tu ne trouves pas la photo ________ [1] correspondants?
   – Non, je ne ________ [2] trouve pas. Elle est peut-être dans le carton sur l'étagère ________ [1] ma sœur.
3. – Alors, Victor, tu peux raconter la fin ________ [1] légende?
   – Ah, je ne sais pas. La fin, je ne ________ [2] comprends pas.
4. – Est-ce que tu comprends l'exercice d'allemand?
   – Oui, je ________ [2] comprends. Il est très simple.
5. – Pardon, madame, où est M. Corbeau?
   – M. Corbeau? Il est dans le bureau ________ [1] chef.

6. – Paul, on va ________ [1] cantine ensemble?

– Oui, j'arrive dans cinq minutes.

7. – Alors, je ________ [2] attends dans la cour.

– Tu as déjà un cadeau d'anniversaire pour Clara?

– Non, mais aujourd'hui, je vais ________ [1] Galeries Lafayette. Clara aime les bédés?

– Elle ne ________ [2] aime pas trop, elle préfère les romans-photo[1].

8. – Lucie et Manon, vite! Romain ________ [2] attend en face ________ [1] école.

9. – Fabienne, est-ce que la musique ________ [2] intéresse?

– Oui, je prends des cours ________ [1] clarinette ________ [1] conservatoire.

10. – Pardon, monsieur, je cherche le parc de la Tête d'Or.

– Le parc de la Tête d'Or, ce n'est pas loin. Vous ________ [2] trouvez près ________ [1] fleuve.

11. – Louis, tu aimes la géo?

– Ah, la géo, ça ne ________ [2] intéresse pas trop. Je préfère le dessin.

1 le roman-photo der Fotoroman

Vocabulaire Wortschatz

4 *Trouve le contraire des mots soulignés et complète les phrases.*
Finde das Gegenteil der unterstrichenen Wörter und ergänze.

1. Les ________________ cherchent le bandit dans le quartier de Fourvière.
2. – Vous voulez entrer, mademoiselle? – Non, merci, je veux ________________.
3. Lisa va ________________ à trois heures et elle va partir à six heures.
4. Nicolas adore le foot, mais il ________________ le handball.
5. M. Ricard travaille, mais sa femme est ________________.
6. Les Deloffre ont deux enfants. Leur fille s'appelle Myriam, leur ________________ Daniel.
7. La bédé de Pauline est très drôle. La légende de Paul est un peu ________________.
8. Emma aime la ville, mais son copain Baptiste préfère ________________.
9. À Avignon, il fait chaud. Mais à Berlin, il fait ________________.
10. Notre voisin n'est pas ________________, il est très sympa.

5 *Écris l'interview.* Schreibe das Interview.

1. Du begrüßt eine Passantin und sagst ihr, dass du ein Interview über Lyon für deine Schule in Deutschland machst. Du fragst sie, ob sie Lyon mag.
2. Sie antwortet, dass sie ihre Stadt sehr gerne mag.
3. Du fragst sie, was sie in Lyon mag.
4. Sie antwortet, dass sie die Parks und Gärten sehr liebt. Sonntags geht sie immer in den Botanischen Garten. Und außerdem (dann) mag sie die Kinos und die Restaurants sehr.
5. Du willst wissen, ob sie auch die Museen von Lyon besichtigt.
6. Sie sagt, dass es ihr leid tut: Die Museen interessieren sie nicht. Aber sie macht häufig Stadtspaziergänge. Sie möchte jetzt von dir wissen, was du in Lyon gern magst.
7. Du antwortest, dass du die beiden Flüsse und den Flohmarkt sehr magst.
8. Jetzt fragt sie dich, ob du noch viele Fragen stellen willst. Sie hat keine Zeit mehr.
9. Du verneinst und bedankst dich. Ihr verabschiedet euch voneinander.

Klassenarbeit B

Compréhension orale Hörverstehen

1 *Écoute le texte et coche les bonnes réponses.* Höre den Text und kreuze die richtigen Antworten an.

15

1. Le Monsieur n° 1
   - ☐ ne répond pas.
   - ☐ n'est pas de Lyon.
   - ☐ n'a pas le temps.

2. Le Monsieur n° 2
   - ☐ n'est pas de Lyon.
   - ☐ n'a pas de plan.
   - ☐ n'a pas le temps.

3. La fille dit:
   - ☐ « Je n'ai pas le temps. »
   - ☐ « Prends le bus n° 13. »
   - ☐ « Demande au garçon. »

4. Le garçon
   - ☐ n'a pas de plan.
   - ☐ n'a pas le temps.
   - ☐ n'est pas de Lyon.

5. La dame dit: « Visitez ... »
   - ☐ la place des Terreaux.
   - ☐ le musée de Guignol.
   - ☐ le quartier de la Croix-Rousse.
   - ☐ la place Bellecour.

6. À la fin, la dame montre la rue Garibaldi à la touriste.
   ☐ vrai ☐ faux

Grammaire Grammatik

2 *Complète.* Ergänze.

[1] *Utilise le verbe au présent.* Verwende das Verb im Präsens.

[2] *Utilise* de *ou* du / de la / de l' / des. Verwende de oder du / de la / de l' / des.

Leo Wagner a douze ans. Il ________________ [1] (venir) __________ [2] campagne, de Raubling.

C'est près __________ [2] Rosenheim.

Leo a un correspondant en France, c'est Frédéric Villiers __________ [2] Lyon.

En ce moment, Leo et ses parents sont chez la famille __________ [2] correspondant de Leo.

Les Wagner adorent Lyon: Ils font des promenades sur les quais __________ [2] Saône, ils regardent les vitrines __________ [2] magasins, ...

Mme Wagner prend beaucoup de photos: des photos __________ [2] quartier de la Croix-Rousse, __________ [2] parc de la Tête d'Or, __________ [2] place Bellecour, __________ [2] collines de Lyon ...

Mais elle prend aussi des photos __________ [2] appartement des Villiers.

Les Wagner restent[1] à Lyon pendant une semaine. Puis, ils ________________ [1] (partir) pour l'Allemagne.

1 rester bleiben

À la maison, Mme Wagner montre les photos à sa copine Valérie de Marseille:

Là, je ______________ [1] (sortir)

__________ [2] Galeries Lafayette.

Voilà Otto et Leo. Ils ______________ [1]

(sortir) __________ [2] musée de Guignol.

Et voilà Otto. Il ______________ [1] (venir)

__________ [2] marché aux puces.

Et voilà nos deux familles: Là, nous

______________ [1] (sortir) __________

[2] restaurant. C'est le restaurant __________ [2]

Madeleine, la grand-mère de Frédéric.

7

3 *Traduis.* Übersetze.

1. – Wo warten wir auf Camille?
   – Ich weiß nicht. Frag meine Mutter.

____

____

2. Wann sprichst du mit der Erdkundelehrerin?

3. Valentin erzählt den Brieffreunden die Geschichte von Fantômas.

4. Alexis, antworte bitte deiner Großmutter!

Vocabulaire Wortschatz

4 **a** *Souligne l'intrus. Justifie ta réponse.*
Unterstreiche den „Eindringling“. Begründe (auf Deutsch) deine Lösung.

1. la rue – la traboule – l'immeuble – l'allée
2. détester qc – adorer qc – raconter qc – aimer qc
3. avoir faim – manger – retrouver qn – le dîner
4. le quai – la vérité – le pont – la gare

b *Écris une phrase avec chaque intrus.* Schreibe mit jedem „Eindringling“ einen Satz.

Production de texte Textproduktion

5 *Pour le « Projekttag » de ton école, tu présentes la ville de Lyon. Écris un texte d'environ dix phrases dans ton cahier. Parle de la ville, des choses à visiter, des gens ... Dis aussi pourquoi tu aimes / n'aimes pas la ville.*
Am Projekttag deiner Schule stellst du die Stadt Lyon vor. Schreibe einen Text von ungefähr zehn Sätzen in dein Heft. Informiere über die Stadt, ihre Sehenswürdigkeiten, die Leute ...

Entraînement à l'expression orale Hör- und Sprechtraining

6 *Écoute le dialogue, répète et note les phrases.* Hör den Dialog. Sprich an den Stellen, an denen eine Pause ist, den Satz nach und notiere ihn, nachdem du ihn zum zweiten Mal gehört hast.

16

Touriste: Pardon, monsieur, ______________________________.

Monsieur n° 1: Je ne sais pas, ______________________________. Demandez au monsieur.

Touriste: Pardon, monsieur, la rue Garibaldi, s'il vous plaît?

Monsieur n° 2: La rue Garibaldi … Attendez … Pfff … Je ne sais pas et ______________________________

______________. Désolé.

Touriste: Pardon, je cherche la rue Garibaldi.

Fille: Oh là là, ______________________________.

Touriste: C'est le numéro …?

Fille: Je ne sais pas … ______________________________.

Touriste: Bonjour, je cherche la rue Garibaldi.

Garçon: Désolé, ______________________________.

Dame: Vous cherchez quelque chose, Mademoiselle?

Touriste: Oui, la rue Garibaldi.

Dame: Vous visitez la ville?

Touriste: Oui, je suis ici pour une semaine.

Dame: ______________________________?

Touriste: Je viens de Meaux. C'est près de Paris.

Dame: Et vous aimez Lyon?

Touriste: J'aime bien, c'est sympa.

Dame: Et ______________________________?

Touriste: La place des Terreaux, la place Bellecour, les rues avec les magasins, les cafés, le quartier de la Croix-Rousse …

Dame: Visitez aussi le musée de Guignol. Il est très intéressant. ______________________________.

C'est à cinq minutes à pied. Au revoir, mademoiselle!

7

ANNEXE

Auf Fehlerjagd!

Wie du Fehler selbst korrigieren kannst

Wenn du einen Text für die productions de texte einer Klassenarbeit verfasst hast, solltest du ihn mehrmals durchlesen und bei jedem Durchlesen nur auf einen grammatischen Punkt achten.
Mit Hilfe der folgenden „Fehlersuchliste" kannst du Fehlern selbst auf die Spur kommen.

- Stimmt der Begleiter mit dem Nomen überein?
  la copine – **le** frère – **l'**ami – **l'**amie
  les enfants – **des** livres
  mes copains – **leurs** poissons

- Ist das Adjektiv dem Nomen angeglichen?
  le poulet est froid
  les cours sont intéressants
  la maison est petite
  les frites sont bon**nes**

- Stimmt die Verbform mit dem Subjekt überein?
  tu prends
  vous regard**ez**
  nous achet**ons**
  ils mang**ent**

- Sind die unregelmäßigen Verben richtig konjugiert?
  je vais – il/elle va – nous allons – ils/elles vont
  je suis – il/elle est – nous sommes – ils/elles sont
  j'ai – il/elle a – nous avons – ils/elles ont
  je fais – il/elle fait – nous faisons – ils/elles font
  je viens – il/elle vient – nous venons – ils/elles viennent

- Ist die Wortstellung im Satz richtig?
  Aujourd'hui, Paul mange à la cantine.
  Lise est triste parce qu'elle a un six en anglais.
  Je raconte **une histoire à mon petit frère**.
  On **t'**attend.
  Tu **m'**écoutes?

- Werden Objekte durch die richtigen Objektpronomen ersetzt?
  Tu cherches **ta copine**? Oui, je **la** cherche.
  Tu téléphones **à ta mère**? Non, je ne **lui** téléphone pas.

- Sind die Verneinungen richtig?
  Aujourd'hui, je **ne** vais **pas** au collège.
  Tu **ne** veux **pas** photographier le quartier?
  Pourquoi est-ce qu'elle **ne** me répond **pas**?

- Sind Ausdrücke, die im Französischen anders gebildet werden als im Deutschen, richtig?
  J'**ai** 14 ans.
  On achète un kilo **de** pommes, une bouteille **d'**eau et **du** café.
  Paul aime **les** livres.
  On **ne va pas loin** avec deux euros.

Fehler, die ich nicht mehr machen will:

Inhaltsübersicht der Audio-CD

Hier findest du die Titel der Audio-CD mit den Track-Nummern. Die angegebene Seitenzahl verweist auf die Seite im Klassenarbeitstrainer, auf der die entsprechende Aufgabe abgedruckt ist.

Nr.	Titel	Seite	Laufzeit
1	Copyright		
UNITÉ 1	*La rentrée*		
2	Compréhension orale	11	1:11
3	Entraînement à l'expression orale	13	2:47
UNITÉ 2	*À l'école*		
4	Compréhension orale	18	1:12
5	Entraînement à l'expression orale	21	3:02
UNITÉ 3	*Ma famille et mes amis*		
6	Compréhension orale	26	1:30
7	Entraînement à l'expression orale	29	2:24
UNITÉ 4	*Qu'est-ce que vous faites?*		
8	Compréhension orale	35	2:39
9	Entraînement à l'expression orale	39	3:14
UNITÉ 5	*Le cadeau*		
10	Compréhension orale	46	1:45
11	Exercice 6	49	0:41
12	Entraînement à l'expression orale	50	3:00
UNITÉ 6	*Au collège*		
13	Compréhension orale	56	1:29
14	Entraînement à l'expression orale	60	2:30
UNITÉ 7	*Lyon, notre ville: un dossier*		
15	Compréhension orale	66	1:37
16	Entraînement à l'expression orale	69	4:07

Entraînement

À plus! 1

Französisch für Gymnasien

Lösungen

Klassenarbeitstrainer für Schülerinnen und Schüler

Cornelsen

UNITÉ 1 La rentrée

Klassenarbeit A

Compréhension écrite Leseverstehen

1
1. e: Clément Marot est un collège en France.
2. b: Max est d'Allemagne.
3. f: Lyon est une ville en France.
4. g: La Croix-Rousse est un quartier.
5. a: Marie est dans la classe de M. Pennac.
6. c: Pascal est l'ami de Mohammed.

2
Max: « Je suis nouveau au collège. »
Mohammed: « Salut, Max! Je suis aussi dans la classe de M. Drouet. »
Pascal: « Bonjour, Marie! Tu es dans ma classe. »
Max: « Mohammed, c'est qui? »
Mohammed: « Je suis l'ami de Pascal. »

Grammaire Grammatik

3
1. Mme Navarro est à Clermont-Ferrand avec la cinquième B. Clermont-Ferrand, c'est une ville entre Limoges et Lyon.
2. Le collège de Paul est sur une colline.
3. Lucie est dans la classe de Mme Navarro.
4. Voilà Murnau. C'est en Allemagne.

4
Max: Salut, je m'appelle Max. Et toi? Tu t'appelles comment?
Pauline: Je suis Pauline. Tu es nouveau?
Max: Oui. Je suis dans la classe de M. Drouet. ... C'est qui, la fille là-bas?
Pauline: C'est Nathalie. Elle est dans la classe de M. Pennac. Et voilà David. C'est l'ami de Barbara.
Max: Et c'est qui, le garçon avec Nathalie?
Pauline: C'est Patrick. Tu es de Lyon, Max?
Max: Non, de Rosenheim. C'est en Bavière, en Allemagne.

Qu'est-ce qu'on dit? Redemittel

5
1. Bonjour, Madame/Monsieur.
2. Tu t'appelles comment?
3. Où est Victor?
4. Ça va? / Ça va bien?
5. Ça va. / Ça va bien.
6. Voilà Lucie. / C'est Lucie.

Production de texte Textproduktion

6
Max: Salut, je m'appelle / je suis Max. Tu t'appelles comment?
Mathilde: Salut, Max. Je m'appelle / Je suis Mathilde.
Victor: Salut, je m'appelle / je suis Victor.
Max: Tu es dans la classe de M. Drouet?
Victor: Non, je suis dans la classe de Mme Rodet. Regarde, voilà Jacques / c'est Jacques.
Max: (Jacques,) C'est qui?
Victor: Jacques est l'ami de Pierre.

Klassenarbeit B

Compréhension orale Hörverstehen

2 ◎ **La rentrée**

C'est la rentrée à «Clément Marot». Voilà la cinquième B et voilà M. Morel.

M. Morel: Bonjour, les enfants. Je m'appelle M. Morel. Je suis nouveau dans le collège.

Les élèves: Bonjour, monsieur.

M. Morel: Alors, Patrick Alanda, c'est qui?

Garçon 1: C'est moi, monsieur.

M. Morel: Et toi, tu es Jean Bottet?

Garçon 2: Non, je m'appelle Thierry Mirelli.

M. Morel: Oh, pardon. Et toi?

Fille 1: Je m'appelle Anna Mayrhofer. Je suis nouvelle. Je suis de Munich.

Garçon 2: C'est où, Munich?

Fille 1: C'est une ville en Allemagne.

Fille 2: Munich, c'est une ville sur le Main?

Fille 1: Non, le fleuve à Munich, c'est l'Isar.

M. Morel: Alors Anna, ça va bien à Lyon?

Fille 1: Pas mal. Merci.

Garçon 1: M. Morel est nouveau à «Clément Marot» et Anna est nouvelle à Lyon.

Fille 2: Un nouveau, c'est bien, mais deux, c'est mieux.

1

1. In welcher Klassenstufe sind die Schüler? ☐ 3e ☐ 4e ☑ 5e ☐ 6e
2. Der Lehrer ist neu an der Schule. ☑ vrai ☐ faux
3. Der erste Junge heißt ☐ Patrick Marot. ☐ Patrick Morel. ☑ Patrick Alanda. ☐ Thierry Alanda.
4. Der zweite Junge heißt ☐ Jean Bottet. ☐ Jean Mirelli. ☑ Thierry Mirelli. ☐ Thierry Bottet.
5. Anna ist neu an der Schule. ☑ vrai ☐ faux
6. Anna kommt aus <u>München</u>.
7. Wie geht es Anna in Lyon? ☑ ☺ ☐ ☹

2

[u]	[y]	[s]	[z]
coucou	tu	c'est qui?	mademoiselle
nouveau	sur	ça va	les enfants

Grammaire Grammatik

3

1. – <u>L'</u>amie de Mohammed, c'est qui?
   – C'est Nicole, <u>la</u> fille entre Lucie et Valentin.
2. <u>Le</u> collège Clément Marot, c'est <u>un</u> collège de Lyon. Lyon est <u>une</u> ville en France, entre <u>le</u> Rhône et <u>la</u> Saône.
3. – Marc, c'est qui?
   – C'est <u>un</u> garçon de <u>la</u> classe de M. Drouet. Marc est <u>un/l'</u>ami de David.

4

1. Voilà Pauline. C'<u>est</u> l'amie <u>de</u> Valentin.
2. Regarde. C'<u>est</u> Christophe. Il <u>est</u> <u>dans</u> la classe de Valentin.
3. Et voilà Mme Sander. Elle <u>est</u> de Francfort. Francfort <u>est</u> une ville <u>en</u> Allemagne.

4. Voilà Killian, un ami de Valentin.
   – Killian, ... tu es aussi de Lyon?
   – Oui, mais je suis dans un collège à Paris.

Vocabulaire Wortschatz

5

						1	C	L	A	S	S	E
					2	B	O	N	J	O	U	R
				3	C	O	L	L	I	N	E	
			4	F	I	L	L	E				
				5	P	O	È	T	E			
6	A	L	L	E	M	A	G	N	E			
			7	A	M	I	E					

1. La classe de Tarik, c'est la cinquième C.
2. Bonjour, Lucie. Ça va?
3. La Croix-Rousse est sur une colline.
4. – C'est qui, la fille? – C'est Sophie.
5. Clément Marot est un poète.
6. Würzburg est une ville en Allemagne.
7. C'est Barbara, l'amie de Marie.

Le mot-clé: le collège

Production de texte Textproduktion

6 Bonjour/Salut Lucas,
Ça va? Moi, ça va / ça va pas mal. Je m'appelle ____ Je suis de ____, c'est une ville en Allemagne. Pierre est nouveau dans la classe? Où est Montpellier? J'ai un ami / une amie. Il est nouveau. / Elle est nouvelle. Il/Elle est de Dijon. Où est Dijon?
Salut ____

Entraînement à l'expression orale Hör- und Sprechtraining

7 C'est la rentrée à «Clément Marot». Voila la cinquième B et voilà M. Morel.
3 *M. Morel:* Bonjour, les enfants. Je m'appelle M. Morel. Je suis nouveau dans le collège.
Les élèves: Bonjour, monsieur.
M. Morel: Alors, Patrick Alanda, c'est qui?
Patrick: C'est moi, monsieur.
M. Morel: Et toi, tu es Jean Bottet?
Thierry: Non, je m'appelle Thierry Mirelli.
M. Morel: Oh, pardon. Et toi?
Anna: Je m'appelle Anna Meyrhofer. Je suis nouvelle. Je suis de Munich.
Thierry: C'est où, Munich?
Anna: C'est une ville en Allemagne.
Éva: Munich, c'est une ville sur le Main?
Anna: Non, le fleuve à Munich, c'est l'Isar.
M. Morel: Alors Anna, ça va bien à Lyon?
Anna: Pas mal. Merci.

UNITÉ 2 À l'école

Klassenarbeit A

Compréhension écrite Leseverstehen

1

2 La prof de maths, c'est Mme Dahan.
Mme Bourgeois, c'est la documentaliste.
La secrétaire, c'est Mme Caglia.

Grammaire Grammatik

3 *Marie:* Regarde, Sarah, le monsieur là-bas, c'est un surveillant?
Sarah: Je ne sais pas.
Juliette: Mais non, c'est un prof d'allemand, Monsieur Marek.
Marie: Pardon, monsieur. Vous êtes nouveau à « Frédéric Mistral »?
M. Marek: Oui, je suis de Francfort, en Allemagne.
Marie: Une amie de Sylvie Gonsolin est dans un collège à Francfort. C'est le collège Schiller.
M. Marek: Ah, le collège Schiller! C'est à Sachsenhausen, un quartier de Francfort. ... Les deux filles, c'est qui?
Marie: Ce sont Juliette et Sarah.
M. Marek: Juliette, Sarah et toi, vous êtes en sixième?
Marie: Non, nous sommes en cinquième.
M. Marek: Bonjour, Juliette, bonjour, Sarah.

4
1. – Où est Emma? – Emma? Elle est dans la cour.
2. – Qui est-ce? – C'est la prof de géographie.
3. – Tu t'appelles comment? – Je m'appelle Yannick.
4. – Qu'est-ce qu'il y a sur la colline? – Sur la colline, il y a un collège.
5. – Où sont les cassettes d'Antonin? – Les cassettes d'Antonin sont sur la table.
6. – Qu'est-ce que c'est? – C'est un DVD.

Vocabulaire Wortschatz

5
1. une faute
2. des CD
3. des élèves
4. une souris
5. un atlas
6. une salle de classe
7. des livres
8. des magazines

Orthographe Rechtschreibung

6
1. Voilà les élèves de la cinquième.
2. C'est Valentin ou Paul?
3. Vous êtes Mme Pianta?
4. La cassette vidéo est sur l'étagère.
5. Où est le prof de géographie?
6. – Ça va, Lucie? – Oui, très bien.

Production de texte Textproduktion

7
1. Bonjour, les enfants.
2. Bonjour, madame. C'est Mme Bernard, (la prof de géographie).
3. Bonjour, Mme Bernard. Vous êtes nouvelle à « Frédéric Mistral »?
4. Oui. Où sont les atlas?
5. Ils / Les atlas sont à gauche dans l'armoire.
6. Ils sont entre les livres de géographie et les cassettes vidéo, c'est ça?
7. Oui, (c'est ça).
8. Madame, il y a des magazines ici?
9. Oui, ils / les magazines sont sur l'étagère à droite.

10. Où sont les ordinateurs pour les profs/professeurs?
11. Ils / Les ordinateurs sont là-bas, sur les tables.
12. Madame Bourgeois, Océanie, le cochon d'Inde de Mme Caglia, est dans l'armoire à gauche.

Klassenarbeit B

Compréhension orale Hörverstehen

4 **Dans la chambre de Clara**

Voilà la chambre de Clara.

La table est entre l'armoire et l'étagère. Sur la table, il y a un stylo et un agenda. Sur l'étagère, il y a les cassettes vidéo de Clara et des livres. L'atlas est aussi sur l'étagère. Il est entre les livres et la souris. Où est Émilie, le cochon d'Inde de Clara? Il est dans l'armoire. Et qu'est-ce qu'il y a sous la table? Le livre de géo et des magazines. Il y a aussi un ordinateur dans la chambre de Clara? Non. L'ordinateur est dans la chambre de Marie.

1

☐ 

✔ 

✔ 

☐ 

✔ 

☐ 

✔ 

☐ 

2

A 

B 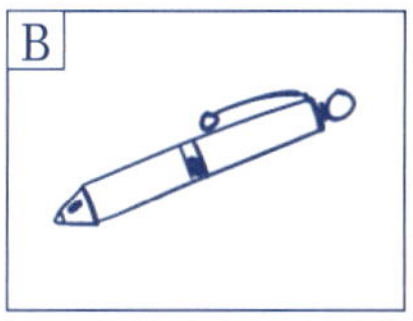

C 

D 

E 

Grammaire Grammatik

3 1. – Où sont les CD? – Ils sont sous la table.
2. – Où est le stylo? – Il est sur la table.
3. – Où est le cochon d'Inde? – Il est dans l'armoire.
4. – Où est l'agenda? – Il est sur les livres.
5. – Où sont les élèves? – Ils sont à l'école / dans la cour.

4 1. – Salut, Louise. Tu es de Paris?
– Non, je suis de Montpellier. Et toi?
2. – Pauline et Lucie, vous êtes en sixième?
– Non, monsieur, nous sommes en cinquième.
3. – Où sont Paul et Annika?
– Ils sont dans la cour, avec Justine.
4. Voilà Marion et Amélie. Elles sont dans la classe de Romain.
5. – Bonjour, vous êtes Mme Bernard?
– Non, je suis Mme Gibier.

5 *Aurélie:* Regarde, Franziska. Voilà le CDI. Mme Bourgeois, vous êtes encore là?
Mme Bourgeois: Oui, je suis encore là.
Aurélie: Franziska, voilà Mme Bourgeois, la documentaliste. Mme Bourgeois, voilà Franziska.
Franziska: Bonjour, Mme Bourgeois.
Mme Bourgeois: Ah, les élèves de Ratisbonne sont enfin à « Frédéric Mistral ». Très bien. Bienvenue, Franziska.
Aurélie: Madame, où sont les livres de géographie pour la sixième A?
Mme Bourgeois: Ils sont sur l'étagère, à gauche.
Franziska: Il y a des cassettes vidéo ici?
Mme Bourgeois: Oui, bien sûr. Il y a aussi une cassette vidéo sur Arles et le poète Frédéric Mistral. Elle est dans l'armoire là-bas.

Vocabulaire Wortschatz

6 1. Valérie! Les cassettes sont ici.
2. Monsieur, s'il vous plaît, où sont les atlas?
3. Regarde, Tarik. Il y a une faute, là.
4. L'école de Franziska est à Ratisbonne.
5. Dans la salle de classe, il y a aussi un ordinateur pour les élèves.
6. La secrétaire est très sympa avec les enfants.
7. – Où est Nicolas? – Il est dans la cour.

Prononciation Aussprache

7

[ɛ]	[ɑ̃]	[ə]	[œ]
merci	maintenant	la secrétaire	le fleuve
épèle!	le surveillant	de	deux
vous êtes	bon	le film	le professeur
c'est	la cantine	ce sont	c'est l'heure
bien	entre	super	

Production de texte **Textproduktion**

8 Bonjour (Salut) Paul,
Ça va? Merci pour la photo. Dans ma chambre, la table est à droite. Sur la table, il y a un ordinateur et des stylos. L'armoire est à gauche. Dans l'armoire, il y a des CD et des DVD, mais sous l'armoire, il y a aussi des DVD ☺. Les livres et les magazines sont sur l'étagère. Elle est entre la table et l'armoire. Mais où est l'atlas? Je ne sais pas.
Salut / À+

2

Entraînement à l'expression orale **Hör- und Sprechtraining**

9 **Dans la chambre de Clara**

5 ◎ Voilà la chambre de Clara.
La table est entre l'armoire et l'étagère. Sur la table, il y a un stylo et un agenda. Sur l'étagère, il y a les cassettes vidéo de Clara et des livres. L'atlas est aussi sur l'étagère. Il est entre les livres et la souris.
Où est Émilie, le cochon d'Inde de Clara? Il est dans l'armoire.
Et qu'est-ce qu'il y a sous la table? Le livre de géo et des magazines.
Il y a aussi un ordinateur dans la chambre de Clara? Non. L'ordinateur est dans la chambre de Marie.

UNITÉ 3 *Ma famille et mes amis*

Klassenarbeit A

Compréhension écrite Leseverstehen

1

1. Coralie Cureau a 12 ans.

2. Le père de Coralie est ...

3. La mère de Coralie est ...

4. Les Cureau habitent ☐ près de Lyon. ☑ à Lyon. ☐ à Paris.

5. Coralie est en ☐ 4e. ☐ 5e. ☑ 6e.

6. Les animaux de Coralie:

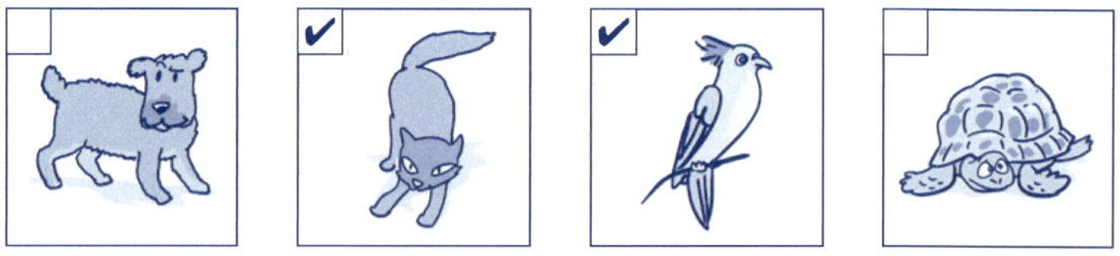

7. Sébastien, c'est ☐ un ami de Coralie. ☑ le frère de Coralie. ☐ un garçon dans un film.

8. Sébastien a 20 ans.

9. Sébastien habite ☐ à Lyon. ☑ à Paris.

10. Sébastien est ...

11. Coralie regarde un film. Où est la perruche?

12. Que fait la perruche?

13. Où est le chat?

14. Que fait le chat?

Grammaire Grammatik

2 Luc, un copain de Coralie, regarde des photos de sa famille avec la grand-mère de Coralie.
Luc: Voilà ma famille. Mes parents s'appellent François et Sophie.
Mémé: Et tes sœurs?
Luc: Mes sœurs, ce sont Hélène et Laurence. Et voilà mon frère. Il s'appelle Olivier.
Mémé: Ton père a des frères et sœurs?
Luc: Oui, regardez, il y a tatie Catherine, la sœur de papa. Elle travaille dans la boulangerie de mon grand-père. Mes grands-parents habitent près de Grenoble.
Mémé: Ta tante a des enfants?
Luc: Oui, une fille: Corinne. Elle habite avec sa famille à Munich, en Bavière. Regardez là, sur la photo, elle est devant sa maison avec ses enfants.

3 Voilà Tim avec Luc, un copain de son collège. Luc est nouveau à « Saint-Exupéry ».
Luc: Ma famille est de Grenoble, mais maintenant nous sommes à Lyon. J'ai deux sœurs. Elles ont 15 ans. Elles sont dans le collège Ampère. Et mon frère a quatre ans. Vous avez des animaux à la maison?
Tim: Oui, nous avons un chien et maman a des poissons. Et toi?
Luc: Ah, non. Mais mon père dit toujours: « Toi et ta sœur, vous êtes comme chien et chat. J'ai deux animaux à la maison! » Moi, je suis souvent chez mes grands-parents. Ils ont une boulangerie près de Grenoble et ils ont des chats à la maison.

4 Luc arrive à la maison.
Luc: Hélène, tu es là?
Hélène: Oui. Je suis dans ma chambre. Je regarde des photos.
Luc: Où sont papa et maman?
Hélène: Papa travaille et maman téléphone. ... Luc, nous rangeons la salle de séjour?
Luc: Écoute, Hélène. Toi, tu ranges et moi, je prépare le dîner. J'ai une cassette vidéo avec un film sur « Louise Attaque ». On mange dans la salle de séjour et on regarde le film?
Hélène: Super.
Les parents de Luc et Hélène arrivent.
Père: Bonjour, les enfants. Ah, vous préparez le dîner? C'est bien.
Luc: On mange dans vingt minutes ...

Vocabulaire Wortschatz

5
1. Il est sur le lit.
2. Il est devant l'ordinateur.
3. Il est dans le/un carton.
4. Il est sous la/une chaise.
5. Il est derrière la télé.
6. Il est dans la cuisine.

Production de texte Textproduktion

6 Salut Lucie,
Merci pour ton message. Je m'appelle ____ et j'ai douze ans. J'habite à ____, c'est près de ____. J'ai une sœur et un frère. Ma sœur ____ a ____ ans. Mon frère s'appelle ____. Il a ____ ans.
Nous avons des animaux à la maison, un chat et des poissons. Mon école, c'est le Gymnasium ____.
Je suis dans la classe 6A. Mes copines, ce sont ____ et ____. Elles sont aussi dans ma classe. Et toi, tu as quel âge? Est-ce que tu as des frères et des sœurs? Est-ce que tu as aussi des animaux?
À bientôt
____

Klassenarbeit B

Compréhension orale Hörverstehen

6 **Chez Frédéric et Anna**
Nous sommes dans l'appartement de la famille Beaufort à Lyon. Frédéric et Anna sont à la maison.
Anna: Allô!
Lucas: Allô, c'est Lucas. Est-ce que Frédéric est là?
Anna: Oui, il est dans la cuisine, il pose une lampe. Un moment, Lucas. Frédéric! Tu es où? Le téléphone de Luxembourg.
Frédéric: Je suis dans la cuisine. Je pose une lampe.
Anna: Ah, voilà, il arrive.
Frédéric: C'est qui?
Anna: C'est ton copain Lucas.
Frédéric: Ah, super. Salut, Lucas. Ça va?
Lucas: Oui, et toi? Comment ça va à Lyon?
Frédéric: On range beaucoup. On a encore dix-sept cartons. Je pose encore deux ou trois lampes, l'armoire de ma mère dans sa chambre et … Mais l'appartement est super.
Lucas: Et ta mère, ça va?
Frédéric: Oui, mais elle travaille trop. Avec Anna, je prépare le dîner.
Lucas: Et ton collège?
Frédéric: Ah, c'est bien. Je suis en sixième D. Je suis dans la classe de Mme Navarro. Dans ma classe, il y a vingt élèves. J'ai un copain. Il s'appelle Paul et il est nouveau à Lyon. Il est de Bruxelles.
Lucas: Tu manges à l'école?
Frédéric: Oui, la cantine est super. Il y a toujours des frites. Et à Luxembourg, ça va?

1

1. Lucas est ☐ le frère d'Anna. ☐ l'ami d'Anna. ☑ l'ami de Frédéric.

2. Il téléphone de ☐ Lyon. ☑ Luxembourg. ☐ Paris.

3. Où est Frédéric?

4. Que fait Frédéric?

☑ 
☐ 
☐ 

5. Frédéric aime bien l'appartement. ☑ vrai ☐ faux

6. Sa mère ☑ travaille beaucoup. ☐ est toujours à la maison. ☐ prépare le dîner.

7. Frédéric est en ☐ 4e D. ☐ 5e D. ☑ 6e D.

8. Dans sa classe, il y a 20 élèves.

9. Son nouveau copain est de ☑ Bruxelles. ☐ Lyon. ☐ Luxembourg.

10. Frédéric aime la cantine du collège. ☑ vrai ☐ faux

11. À la cantine, il y a toujours des frites.

Grammaire Grammatik

2 Anthony et son copain Félix regardent des photos.
La mère d'Anthony: Anthony et Félix, vous êtes où?
Anthony: Nous sommes dans ma chambre.
La mère: Nous mangeons maintenant. Où est ton père?
Anthony: Je ne sais pas. Papa, on mange!
Le père: J'arrive. Je suis dans la salle de séjour et je range mes livres.
La mère: Et où est ta sœur, Anthony?
Anthony: Elle est devant son ordinateur.
Le père: Mais non, Gaëlle est dans la salle de séjour. Elle téléphone.

3
1. – Où est-ce que Madeleine habite?
 – Madeleine? Elle habite à Bruxelles.
2. – Tu as un chien? / Est-ce que tu as un chien?
 – Oui, j'ai un chien. Il s'appelle Mirko.
3. – Qu'est-ce qu'il y a à la cantine?
 – À la cantine, il y a des frites.
4. – Qui est Mme Gallet?
 – Mme Gallet est la mère de Paul et Annabelle.
5. – Qu'est-ce que tu écoutes?
 – J'écoute un CD de Kyo.
6. – Qui prépare le dîner? / Qu'est-ce que Frédéric prépare?
 – Frédéric prépare le dîner.
7. – Tu as quel âge?
 – Moi? J'ai 13 ans.
8. – Où est-ce que tu manges?
 – Je mange à la cantine.

4 1. – Range ta chambre, s'il te plaît.
– Ah, non, maman. Je regarde des photos.
2. Victor, Mathilde, nous mangeons. Arrêtez la télé, s'il vous plaît.
⚠ Du kannst nach Silben trennen: nous man-geons.
3. Nous sommes en France. Parlons/Parlez français.
4. – Écoutez, les enfants …
– Mais Amélie mange mes bonbons.

Les nombres Die Zahlen

5

A douze	D huit	G dix
B dix-neuf	E six	H quatorze
C dix-sept	F seize	I vingt

Production de texte Textproduktion

6 Cher Yannick,
Merci pour la photo de ta famille. Elle est super.
Tu as aussi des animaux? J'ai un chien. Il a quatre ans et il s'appelle Rollo. J'ai aussi un cochon d'Inde. Il habite dans ma chambre.
Ma sœur s'appelle Theresa. Elle a quinze ans. Et toi, tu as quel âge?
Dans dix minutes, je prépare le dîner. Maman travaille à l'hôpital et papa est encore à l'école. Theresa a encore des exercices de français pour demain. Avec sa classe, elle prépare un cédérom pour les correspondants de Bordeaux.
À bientôt
Markus

Entraînement à l'expression orale Hör- und Sprechtraining

7 *Anna:* Allô!
7 ◎ *Lucas:* Allô, c'est Lucas. Est-ce que Frédéric est là?
Anna: Oui, il est dans la cuisine, il pose une lampe. Un moment, Lucas. Frédéric! Tu es où? Le téléphone de Luxembourg.
Frédéric: Je suis dans la cuisine. Je pose une lampe.
Anna: Ah, voilà, il arrive.
Frédéric: C'est qui?
Anna: C'est ton copain Lucas.
Frédéric: Ah, super. Salut, Lucas. Ça va?
Lucas: Oui, et toi? Comment ça va à Lyon?
Frédéric: On range beaucoup … on a encore dix-sept cartons. Je pose encore deux ou trois lampes, l'armoire de ma mère dans sa chambre et … Mais l'appartement est super.
Lucas: Et ton collège?
Frédéric: Ah, c'est bien. Je suis en sixième D. Je suis dans la classe de Mme Navarro. Dans ma classe, il y a vingt élèves. J'ai un copain. Il s'appelle Paul et il est nouveau à Lyon. Il est de Bruxelles.

UNITÉ 4 *Qu'est-ce que vous faites?*

Klassenarbeit A

Compréhension écrite Leseverstehen

1 1. Adrien et Souleymane sont des ☐ frères. ☑ amis. ☐ correspondants.

2. Ensemble, ils font …

☑ 
☐ 
☐ 
☐ 

3. Aujourd'hui, en ville, les deux regardent …

☑ 

☐ 
☐ 
☑ 

4. Pour samedi, ils veulent des places pour …

☐ 
☐ 

☐ 
☑ 

5. Les deux achètent des places pour samedi. ☐ vrai ☐ faux ☑ pas dans le texte

6. Adrien et Souleymane rentrent pour faire les devoirs
☑ d'allemand. ☐ d'anglais. ☑ de géographie. ☐ de maths.

7. Les deux n'aiment pas ☐ l'allemand. ☐ l'anglais. ☑ la géographie. ☐ les maths.

8. Qu'est-ce qu'ils font encore?

☐ 
☑ 
☐ 
☐ 

Grammaire Grammatik

2 1. – Paul, est-ce que tu ranges?
– Non, maman, je ne range pas, j'écoute des CD.
2. – Papa, tu allumes la télé?
– Non, je n'allume pas la télé. On mange maintenant.
3. – On n'aime pas les films d'horreur, on aime les films sur les animaux.

4. – Sandrine, tu es dans la cuisine?
   – Non, je ne suis pas dans la cuisine, je range ma chambre.
5. – Est-ce que vous photographiez le Gros Caillou?
   – Non, on ne photographie pas le Gros Caillou, on fait des photos de la place Bellecour.
6. – Vous êtes libres ce soir?
   – Non, nous ne sommes pas libres. Nous travaillons.

3

1. Manon et Paul font leurs devoirs ensemble.
2. Les élèves discutent avec leur prof.
3. Lucie et ses amis sont souvent dehors.
4. Yann et Pascal rangent leur chambre.
5. M. Ronsard travaille avec ses élèves.
6. Nicolas et Sophie sont chez leurs grands-parents.
7. Mme Gallet ne peut pas toujours manger avec ses enfants.

4 **a**

1. Sylvie aime le handball. Son frère préfère le foot.
2. Mathilde n'aime pas le foot. Elle préfère le skate.
3. Et toi? Qu'est-ce que tu n'aimes pas? Qu'est-ce que tu préfères?

b Je n'aime pas la danse. Je préfère les rollers.

5

– Marc, tu peux préparer le dîner ce soir?
– Moi, je ne peux pas. J'ai mon club-photo après l'école.
– Qu'est-ce que vous photographiez aujourd'hui?
– On fait des photos de la ville. Ensemble, nous faisons un tour dans le quartier, nous regardons les maisons, les rues, les places, ... Aujourd'hui, on veut faire un tour dans le quartier de la Croix-Rousse.
– C'est bien. Alors, nous ne mangeons pas ensemble ce soir?
– Si, maman. Je rentre avant le dîner.
– Alors, qu'est-ce que je fais pour le dîner? Tu préfères un poisson ou des spaghettis?
– Moi, je préfère des spaghettis. Salut, à ce soir.

Vocabulaire Wortschatz

6 **a**

1. le soir – ensemble – le matin – aujourd'hui
2. les rollers – le skate – la télé – le foot
3. la marchande – la documentaliste – le frère – le vendeur
4. la bédé – le livre – la photo – le magazine

b

1. On fait nos devoirs ensemble.
2. Tu allumes la télé?
3. Le frère de Marie aime le foot.
4. Noah et Éléna regardent des photos.

Production de texte Textproduktion

7

1. *Mathilde:* Salut, Annika, ça va?
2. *Annika:* Aujourd'hui, ça ne va pas.

3. *Mathilde:* Qu'est-ce que tu fais maintenant?
4. *Annika:* Je rentre et je fais mes devoirs.
5. *Mathilde:* On peut / Nous pouvons rentrer ensemble? / On rentre ensemble?
6. *Annika:* (Oui,) d'accord.
7. *Mathilde:* On regarde / Nous regardons la télé ensemble?
8. *Annika:* Non, je ne veux pas. Aujourd'hui, je n'ai pas le moral.
9. *Mathilde:* On peut / Nous pouvons préparer l'interro(gation) pour demain.
10. *Annika:* (Oui,) d'accord. C'est génial!

Klassenarbeit B

Compréhension orale Hörverstehen

8 **Qu'est-ce que tu fais dimanche?**

Céline et Yannick sont devant le collège.

Céline: Salut, Yannick. Ça va?
Yannick: Oui. Ça va bien. Et toi?
Céline: Bof, ça ne va pas bien.
Yannick: Mais qu'est-ce que tu as?
Céline: Je n'ai pas le moral.
Yannick: Qu'est-ce que tu fais?
Céline: Ben, je travaille beaucoup pour mon interrogation d'allemand demain matin. Mais je ne veux pas travailler.
Yannick: Écoute, j'ai une idée! On fait un tour en ville samedi. Tu es d'accord?
Céline: Ça dépend. On peut regarder la télé ensemble. J'aime bien la télé.
Yannick: Mais Céline, la télé, c'est l'horreur. Il y a des spectacles en ville ...
Céline: Oui, je sais, il a un cirque en ville. Pour moi, le cirque est super. J'aime bien les clowns et les artistes.
Yannick: Mais les places sont chères: une place pour 17 euros 50.
Céline: Je sais. Je voudrais bien regarder les clowns, mais c'est trop cher pour moi aussi. Et toi, qu'est-ce que tu veux faire?
Yannick: Il y a un match de boxe. C'est super. Et les places pour 9 euros 40 euros, ce n'est pas cher. Tu ne veux pas regarder le spectacle?
Céline: Mais non! Je ne suis pas d'accord. J'aime bien le sport, mais pour moi, la boxe, c'est l'horreur.
Yannick: Tu préfères la musique? Il y a aussi un concert des « Stéréophonics »! Tu aimes leurs chansons?
Céline: Les « Stéréophonics »? Pourquoi pas? Je veux bien. J'aime leur musique. Et les places, elles sont chères?
Yannick: Il y a des places pour six euros ... Et les élèves du collège Clèment Marot peuvent parler avec le groupe après le concert.
Céline: C'est génial. Je veux bien. Voilà douze euros. Je voudrais deux places pour ma sœur et moi. Elle aime les « Stéréos », elle aussi. Elle peut aller avec nous?
Yannick: Euhh ... d'accord. Je rentre à la maison maintenant.
Céline: Moi aussi. On mange à six heures et je travaille pour mon interro après.
Yannick: Mais Céline, où est le concert? C'est près de la Place Bellecour, non?
Céline: Mais non! C'est le cirque, Place Bellecour. Le concert est devant le collège. Alors, à dimanche, à 15 heures.
Yannick: À plus.

1

1. Comment va Céline aujourd'hui? ☐ ☺ ☐ 😐 ☑ ☹

2. Qu'est-ce que Céline fait aujourd'hui?

☐ 

☑ 

☐ 

3. Céline aime la télé. ☑ vrai ☐ faux

4. Yannick aime la télé. ☐ vrai ☑ faux

5. Céline aime le cirque. ☑ vrai ☐ faux

6. Au cirque, il y a une place pour 17,50 €.

7. Yannick aime la boxe. ☑ vrai ☐ faux

8. Céline aime la boxe. ☐ vrai ☑ faux

9. Au match de boxe, il y a une place pour 9,40 €.

10. Au concert des « Stéréophonics », il y a une place pour 6 €.

11. Les 12 euros de Céline, c'est pour …
    - ☐ la place de Céline.
    - ☐ les places de Céline et Yannick.
    - ☑ les places de Céline et sa sœur.
    - ☐ les places de Yannick, Céline et sa sœur.

12. Le concert des « Stéréophonics » est devant …

☑ 

☐ 

☐ 

Grammaire Grammatik

2

1. – Sylvie et Madeleine, vous faites vos devoirs maintenant?
   – Non, nous faisons nos devoirs demain matin.
2. – Tu fais tes exercices avec Pierre?
   – Non, aujourd'hui, je ne peux pas. Je fais des photos dans le quartier.
3. – Qu'est-ce que Marc fait ce soir? – Il a des places pour le cirque.
4. – Pierre et André écoutent des CD? – Non, ils sont dans leur chambre et font leurs devoirs.
5. – M. Dubois, c'est votre livre? – Non, c'est le livre de Romaine.
6. – Pascal et Patrick, où est votre prof d'allemand? – Notre prof d'allemand? Il est dans la cour.

3 1. – Tu veux regarder le film à la télé ce soir?
– Je voudrais bien, mais ce soir, je ne peux pas, on mange chez mes grands-parents. Mais demain, nous pouvons regarder un film vidéo ensemble.
2. Leurs parents sont d'accord: Julien et ses copains peuvent faire un tour en ville.
3. – Maman, on peut jouer sur l'ordinateur?
– Vous ne voulez/pouvez pas faire vos devoirs d'abord?
– Non, on fait nos devoirs après.
4. – Louis, tu peux ranger ta chambre, s'il te plaît?
– Mais non, papa, pas maintenant. Je veux d'abord écouter mes CD.
– Écoute, Louis. Range ta chambre. Et après, Emma et toi, vous pouvez jouer.

4 **a**
1. – Tu n'aimes pas la gymnastique? – Si, mais je préfère la danse.
2. – Tu as des poissons? / Est-ce que tu as des poissons? – Non, mais j'ai une tortue.
3. – Tu veux regarder la télé? / Est-ce que tu veux regarder la télé? – Oui, je veux bien.

b
1. – Ludovic, tu regardes un film ce soir? – Non, je prépare l'interro.
2. – Tu ne veux pas des places pour le cirque? – Si, mais c'est cher.
3. – Emma n'aime pas les livres? – Si, mais elle préfère les bédés.

c Oui, j'aime beaucoup les films d'horreur. J'ai une cassette vidéo de (Titel eines Films).

Qu'est-ce qu'on dit? Redemittel

5
1. Qu'est-ce que tu fais aujourd'hui?
2. (Pour moi,) c'est l'horreur.
3. Je ne suis pas d'accord. / Mais non.
4. Je voudrais faire un tour en ville.
5. On peut écouter un CD.
6. C'est génial. / C'est super.
7. Je n'ai pas le moral.

Vocabulaire et grammaire Wortschatz und Grammatik

6 Quentin aime la photo.
Justine aime les rollers.
Léa aime le foot.
Florian aime les chats.
Clara aime les chiens.
Louis aime le skate.

Production de texte **Textproduktion**

7

Samedi, le 2 octobre 2008

Salut Valentin,

Merci pour la cassette vidéo. Le film est super. Maintenant, j'ai aussi une adresse e-mail, mais ce n'est pas mon ordinateur, c'est l'ordinateur de mon père. Pour moi aussi, les lettres, c'est l'horreur!!! / Moi, j'aime beaucoup les lettres. / Moi, je préfère les lettres.

Qu'est-ce tu fais? Je travaille beaucoup pour l'école. On a une interrogation de français demain. Je n'aime pas travailler pour l'école ... Je voudrais/préfère (faire un tour en ville / regarder un film / écouter des CD).

Je voudrais travailler ensemble avec toi. Je voudrais préparer mes interrogations de français avec toi. On peut aussi faire les devoirs d'allemand ensemble ...

Tu es d'accord?

À+

...

Entraînement à l'expression orale **Hör- und Sprechtraining**

8 *Céline:* Salut, Yannick. Ça va?

9 *Yannick:* Oui. Ça va bien. Et toi?

Céline: Bof, ça ne va pas bien.

Yannick: Mais qu'est-ce que tu as?

Céline: Je n'ai pas le moral.

Yannick: Qu'est-ce que tu fais?

Céline: Ben, je travaille beaucoup pour mon interrogation d'allemand demain matin. Mais je ne veux pas travailler.

Yannick: Écoute, j'ai une idée. On fait un tour en ville samedi. Tu es d'accord?

Céline: Ça dépend. On peut regarder la télé ensemble. J'aime bien la télé.

Yannick: Mais Céline, la télé, c'est l'horreur. Il y a des spectacles en ville ...

Céline: Oui, je sais, il y a un cirque en ville. Pour moi, le cirque est super. J'aime bien les clowns et les artistes.

Yannick: Mais les places sont chères: une place pour 17 euros 50.

Céline: Je sais. Je voudrais bien regarder les clowns, mais c'est trop cher pour moi aussi. Et toi, qu'est-ce que tu veux faire?

UNITÉ 5 *Le cadeau*

Klassenarbeit A

Compréhension écrite Leseverstehen

1

1. Marianne et Hugo sont en ville avec Adèle.
   ☐ vrai ☑ faux ☐ pas dans le texte

2. Adèle est la sœur de Marianne et d'Hugo.
   ☑ vrai ☐ faux ☐ pas dans le texte

3. Pour l'anniversaire d'Adèle, ils veulent acheter …
   ☑ 
   ☐ 
   ☐ 

4. Samedi, Adèle a
   ☐ 11 ans. ☑ 12 ans. ☐ 13 ans.

5. Ils n'achètent pas le DVD du film « Les Choristes »
   ☑ parce que le film coûte trop cher.
   ☐ parce qu'Adèle n'aime pas le film.
   ☐ parce qu'Adèle préfère la musique.
   ☐ parce qu'Adèle a déjà beaucoup de DVD.

6. Ils n'achètent pas de bédé
   ☐ parce qu'Adèle n'aime pas les bédés.
   ☐ parce qu'Adèle préfère un film.
   ☐ parce qu'Adèle préfère la musique.
   ☑ parce qu'Adèle a déjà beaucoup de bédés.

7. Ils n'achètent pas le CD de « Louise Attaque »
   ☐ parce que le CD coûte trop cher.
   ☑ parce qu'Adèle n'aime plus leur musique.
   ☐ parce qu'Adèle préfère un film.
   ☐ parce qu'Adèle a déjà beaucoup de CD.

8. Ils n'achètent pas de porte-monnaie
   ☐ parce que le porte-monnaie coûte trop cher.
   ☑ parce qu'Adèle a déjà un porte-monnaie.

9. Les sacs coûtent entre <u>60</u> et <u>100</u> euros.

10. Un ours en peluche coûte <u>10</u> euros.

11. Qu'est-ce qu'ils achètent enfin pour l'anniversaire d'Adèle?
    ☐ 

    ☐ 
    ☑ 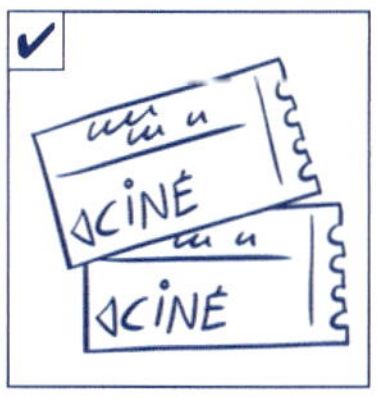

    ☐ 

2
1. – Tu vas au marché?
   – Non, je vais à la boulangerie.
2. – Ils vont aux Galeries Lafayette?
   – Non, Antoine va à l'office de tourisme et Jérémie va à la poste.
3. – Vous allez au cirque?
   – Non, nous allons au cinéma.

3
1. – Anna, tu vas au marché aujourd'hui?
   – Oui. Qu'est-ce que j'achète?
   – Tu achètes des pommes de terre, des oranges et un concombre.
   – Où est-ce que je mets les fruits et les légumes?
   – Voilà un sac.
2. – Mireille et Sandrine, vous allez au cinéma ce soir?
   – Non, nous n'allons pas au ciné, nous avons des devoirs.
3. – Maman, je vais chez Séverine maintenant, d'accord?
   – Oui, mais d'abord, tu mets tes photos dans un carton.
4. Paul et Pascal cherchent un cadeau pour leur ami Tarik. Alors, ils vont au marché aux puces. Là, ils achètent une bédé de Tintin.
5. – Les enfants, vous mettez les assiettes sur la table, s'il vous plaît. Maman rentre bientôt: elle achète encore un pain à la boulangerie.

4
1. – Sandrine, est-ce qu'on a encore des légumes?
   – On a encore des poivrons, mais on n'a plus de carottes.
   – Alors, Sandrine, tu achètes deux kilos de carottes, s'il te plaît.
2. Aujourd'hui, les élèves de la sixième A ont beaucoup de devoirs. Ils ont des exercices d'allemand, de maths et de géographie. Ils ont trop de devoirs.
3. – Maman, nous n'avons plus de chocolat.
   – Mais Jérémie, nous avons encore assez de chocolat. Regarde, il y a encore trois tablettes de chocolat dans la cuisine. Ta sœur et toi, vous mangez toujours trop de chocolat. Tu peux acheter des fruits.
4. Aujourd'hui, Lucie veut faire un gâteau pour l'anniversaire de mémé. Elle met 250 grammes de farine et un peu de beurre dans la pâte.

5
Lucie et ses copines sont au marché aux puces.
Lucie: C'est l'anniversaire de maman demain. Qu'est-ce que j'achète?
Manon: Regarde l'assiette là-bas.
Lucie: Je ne sais pas. Elle n'est pas grande et elle est très chère.
Le marchand: Mais, mademoiselle, c'est une assiette de Limoges!
Pauline: Mais elle est petite et elle a un défaut. On n'achète pas une assiette comme ça à 32 euros.
Manon: Laisse tomber, Pauline. Lucie, pourquoi tu n'achètes pas une lampe pour sa chambre?
Lucie: Je ne sais pas.
Pauline: Regarde les éléphants en peluche là-bas. Ils sont super.
Lucie: Ils sont grands, mais ils sont très chers. Et maman n'aime pas les éléphants.
Pauline: Est-ce qu'elle aime le sport, ta mère?
Lucie: Oui, elle est forte en handball. Pourquoi?
Manon: Tu peux acheter des rollers pour ta mère. Là-bas, il y a des rollers pour 16 euros!
Pauline: 16 euros pour des rollers, c'est génial! Alors nous achetons des rollers pour ta mère.
Lucie: Ah non, regarde. Ils sont trop petits.

Vocabulaire Wortschatz

6

1. Aux Galeries Lafayette, Léa et Marie vont au rayon des animaux en peluche.
2. Pardon, madame, la place Bellecour, c'est encore loin?
3. Tu vas au cinéma ce soir? Il y a un film avec Ludivine Sagnier.
4. Achète un kilo de farine pour le gâteau.
5. Tu achètes un poivron pour la salade?
6. Ma chambre est petite mais très sympa.
7. Je ne trouve pas mon livre de géographie.
8. Léo, tu mets les assiettes sur la table, s'il te plaît.
9. Lucas, tu peux mettre les légumes dans le sac.
10. Combien coûtent les abricots?
11. Notre collège est très grand: il y a 700 élèves.
12. Lisa achète une bouteille d'eau.

			1	R	A	Y	O	N			
	2	L	O	I	N						
		3	C	I	N	É	M	A			
	4	F	A	R	I	N	E				
	5	P	O	I	V	R	O	N			
			6	P	E	T	I	T	E		
			7	T	R	O	U	V	E		
		8	A	S	S	I	E	T	T	E	S
			9	S	A	C					
10	C	O	M	B	I	E	N				
			11	G	R	A	N	D			
12	B	O	U	T	E	I	L	L	E		

le mot-clé: l'anniversaire

Production de texte Textproduktion

7 Deine Mutter will wissen, was die Tomaten kosten.

Toi: Combien coûtent les tomates?

Le marchand: 2 euros 10 le kilo.

Toi: (Die Tomaten kosten) 2 Euro 10 das Kilo.

Deine Mutter findet die Tomaten nicht teuer. Du sollst ein Kilo Tomaten kaufen.

Toi: Les tomates ne sont pas chères. / Ce n'est pas cher. Je voudrais un kilo de tomates.

Deine Mutter möchte noch zwei Kilo Kartoffeln. Du nimmst außerdem noch zwei Gurken für deinen Vater.

Toi: Je voudrais (encore) deux kilos de pommes de terre. Et (je voudrais) deux concombres pour papa / mon père.

Le marchand: Voilà vos légumes. Les concombres coûtent 50 centimes la pièce.

Toi: Hier ist (schon mal) unser Gemüse. Die Gurken kosten 50 Cent das Stück.

Dein Vater möchte wissen, ob der Händler Zwiebeln hat.
Toi: Vous avez des oignons?
Le marchand: Oui, bien sûr.
Toi: Natürlich hat er welche. / Ja, er hat welche.
Dein Vater sagt, du sollst fünf Zwiebeln kaufen.
Toi: Je voudrais (encore) cinq oignons.
Le marchand: Voilà. Ça fait 8 euros 45.
Toi: Das macht zusammen 8 Euro 45.
Le marchand: Et voilà 1 euro 55 pour toi. On ne va pas loin avec 1 euro 55. Tu achètes une tablette de chocolat avec ça?
Du sagst dem Händler, dass dir Obst lieber ist.
Toi: Non, (moi,) je préfère les fruits.
Le marchand: C'est bien. Voilà deux abricots et deux pêches pour toi. Au revoir.
Toi: Merci, monsieur, et au revoir.

Klassenarbeit B

Compréhension orale Hörverstehen

10 **Les courses**

Nous sommes chez les Gauthier à Lyon. Voilà Mme Gauthier et ses enfants Sophie et Nicolas.
Mme Gauthier: Ce soir, je travaille, je ne peux pas manger à la maison et votre père rentre tard aussi. Alors, les enfants, vous pouvez faire les courses?
Sophie: Oui, pas de problème. Qu'est-ce qu'on mange?
Mme Gauthier: On peut faire un poulet à la crème. Achetez un poulet et un pot de crème.
Nicolas: On mange une salade avec le poulet, maman?
Mme Gauthier: Oui, mais on n'a plus beaucoup de tomates. Nicolas, s'il te plaît, tu vas au marché et tu achètes un kilo de tomates, deux poivrons, des oignons et un concombre.
Sophie: Moi, je peux aller au supermarché. J'achète le poulet, le pot de crème et des bouteilles d'eau.
Mme Gauthier: D'accord. Papa peut acheter un peu de pain à la boulangerie.
...
Sophie et Nicolas font les courses. Ils rentrent. Leur père est déjà là.
M. Gauthier: Bonsoir, les enfants. Ça va? Qu'est-ce qu'on mange pour le dîner?
Nicolas: Une salade et un poulet à la crème.
M. Gauthier: Très bien. Alors, moi je prépare le dîner. Vous pouvez aller dans votre chambre et faire vos devoirs.
...
M. Gauthier: Bon, les enfants! On mange! Nicolas et Sophie, vous mettez les assiettes sur la table?
Nicolas: Oui papa, mais ... je ne trouve pas le pain.
M. Gauthier: Oh, le pain! On n'a pas de pain!

1

1. Ce soir, Mme Gauthier mange avec sa famille. ☐ vrai ☑ faux

2. Qui fait les courses? ☐ M. Gauthier ☐ Mme Gauthier ☑ Nicolas et Sophie

3. Qu'est-ce qu'il y a à manger ce soir?

4. Qui va au marché? ☐ Mme Gauthier ☐ M. Gauthier ☐ Sophie ☑ Nicolas

5. Qui va au supermarché? ☐ Mme Gauthier ☐ M. Gauthier ☑ Sophie ☐ Nicolas

6. Qu'est-ce qu'ils achètent et combien?

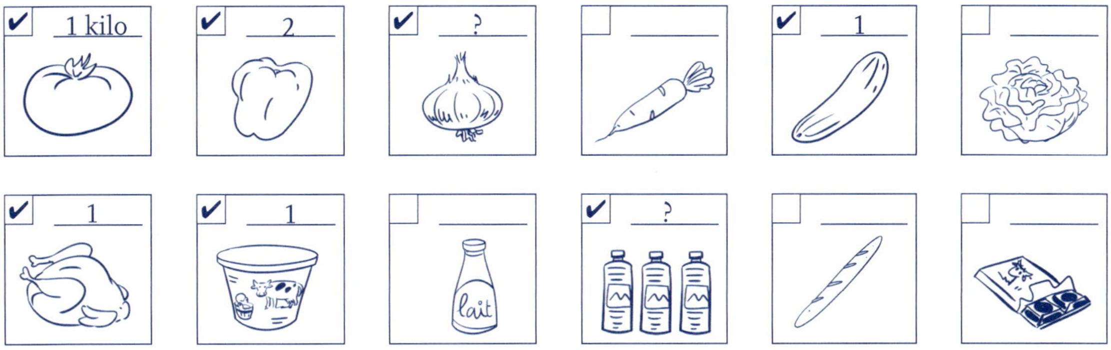

7. Qui va à la boulangerie? ☐ Mme Gauthier ☑ M. Gauthier ☐ Sophie ☐ Nicolas

8. Qui prépare le dîner? ☐ Mme Gauthier ☑ M. Gauthier ☐ Sophie ☐ Nicolas

9. Qui met les assiettes sur la table? ☐ Mme Gauthier ☑ Sophie et Nicolas ☐ M. Gauthier

10. Nicolas met le pain sur la table. ☐ vrai ☑ faux

Grammaire Grammatik

2

1. Il est au collège / à l'école.
2. Il est à la cantine.
3. Il est au marché/supermarché.
4. Il est à la boulangerie.
5. Il est au cinéma.
6. Il est à la maison.
7. Il est aux Galeries Lafayette.
8. Il est au cirque.

3

Laure et sa mère font les courses au supermarché.
Elles achètent d'abord trois bouteilles d'eau et deux kilos de tomates.
– Maman, j'achète encore une tablette de chocolat, d'accord?
– Ah non, pas de chocolat. Mais on achète encore un pot de miel.
– On mange un poulet ce soir? J'aime bien le poulet.
– Regarde, Laure. Les poulets sont trop chers. Nous achetons un kilo de poisson.
– Maman, tu achètes encore deux tubes de colle pour mon bricolage? ...

4

1. – Est-ce qu'on achète des poulets? – Non, ils sont trop petits.
2. – On va à la piscine? – Non, l'eau est trop froide.
3. – Est-ce qu'on achète des abricots? – Non, ils sont trop chers.
4. – Tu manges des frites? – Non, elles sont toujours trop froides.
5. – Ils sont bien, tes rollers. – Oui, mais ils sont trop grands.
6. – Je mets les assiettes de Limoges? – Non, elles sont trop petites.
7. – Tu aimes les oranges? – Oui, mais les oranges sont toujours très chères.
8. – On prépare des carottes pour le dîner? – Ah non, les carottes sont toujours trop chaudes.

5

1. – Est-ce que tu mets beaucoup de beurre dans les truffes au chocolat?
   – Oui, mais je mets aussi un peu de crème.

2. Mes grands-parents mettent toujours trop de miel dans les truffes au chocolat.
3. Arrête, Myriam, il y a assez d'oignons dans la salade.
4. Léonie met ses photos dans des cartons. Elle a un tas de photos.
5. – Monsieur, vous mettez votre nom sur la liste, s'il vous plaît.
   – Je veux bien, mais il n'y a plus de place.

6 Hörtext:

11 – Ah, 23 euros pour un CD, c'est cher.
– Il y a des bédés de Tardi pour 8 euros 60.
– Regarde le porte-monnaie. Il coûte 13 euros 80.
– 72 euros pour un skate. C'est super!
– Voilà une lampe pour la chambre de maman! Mais 94 euros, c'est trop cher!
– Regarde le stylo. Il coûte 11 euros 75. Ce n'est pas cher.

1. vingt-trois euros
2. huit euros soixante

3. treize euros quatre-vingts
4. soixante-douze euros

5. quatre-vingt-quatorze euros
6. onze euros soixante-quinze

7

cinquante-six — 56

quatre-vingt-sept — 87

soixante-neuf — 69

Production de texte Textproduktion

8 Chère Manon, Samedi, le 2 février 2009

Merci pour ta lettre. Voilà les recettes pour le gâteau et la soupe.

Pour le gâteau:
5 pommes
60 grammes de beurre
une tasse de sucre
125 grammes de farine
deux œufs
un peu de sel
un peu de miel
un pot de crème

Pour la soupe :
1 kilo de pommes de terre
500 grammes de carottes
deux oignons
100 grammes de beurre
un pot de crème
un poulet (pour le bouillon)
un peu de sel

À+

9 Nous sommes chez les Gauthier à Lyon. Voilà Mme Gauthier et ses enfants Sophie et Nicolas.

12 *Mme Gauthier:* Ce soir, je travaille, je ne peux pas manger à la maison et votre père rentre tard aussi. Alors, les enfants, vous pouvez faire les courses?

Sophie: Oui, pas de problème. Qu'est-ce qu'on mange?

Mme Gauthier: On peut faire un poulet à la crème. Achetez un poulet et un pot de crème.

Nicolas: On mange une salade avec le poulet, maman?

Mme Gauthier: Oui, mais on n'a plus beaucoup de tomates. Nicolas, s'il te plaît, tu vas au marché et tu achètes un kilo de tomates, deux poivrons, des oignons et un concombre.

Sophie: Moi, je peux aller au supermarché. J'achète le poulet, le pot de crème et des bouteilles d'eau.

Mme Gauthier: D'accord. Papa peut acheter un peu de pain à la boulangerie.

Sophie et Nicolas font les courses. Ils rentrent. Leur père est déjà là.

M. Gauthier: Bonsoir, les enfants! Ça va? Qu'est-ce qu'on mange pour le dîner?

Nicolas: Une salade et un poulet à la crème.

UNITÉ 6 Au collège

Klassenarbeit A

Compréhension écrite Leseverstehen

1 1. Le réveil d'Alexis sonne. Il est quelle heure?

☐ 
☐ 
☐ 
✔ 

2. C'est quel jour?

Montag	Dienstag	Mittwoch	Donnerstag	Freitag	Samstag	Sonntag
✔						

3. Complète l'emploi du temps d'Alexis.

heure	matières
1	E
2	E
3	A
4	D
déjeuner	
5	F
6	F
7	C
8	

A 
B 
C 
D 
E 
F 

G 
H 

4. Alexis est bon en ...

☐ 
✔ 
☐ 
✔ 

5. Alexis aime son prof de dessin. ☐ vrai ✔ faux

6. Alexis aime les maths. ☐ vrai ✔ faux

7. À 7 heures, Alexis est un peu en retard. ✔ vrai ☐ faux

8. Pour le petit-déjeuner, il y a ...

9. Le bus arrive à 7:15 heures.

10. Comment est-ce qu'Alexis va au collège aujourd'hui?

11. Alexis arrive au collège à 8:10 heures.

12. La prof de français est ☐ ☺ ☑ ☹

13. Alexis a son livre de français ☑ dans sa chambre. ☐ chez un copain. ☐ à l'arrêt de bus.

Grammaire Grammatik

2 C'est jeudi. Aujourd'hui, Manon ne prend pas le bus. Elle va à l'école à pied. Elle est très contente parce qu'elle a deux heures de français aujourd'hui. Manon est bonne en français, les cours sont intéressants, la prof est sympa et Manon aime les livres. En ce moment, les élèves apprennent une fable. Et le jeudi, ils préparent toujours un quiz sur les livres: Un ou une élève pose des questions, les autres répondent à ses questions.

L'après-midi, après les cours, Manon attend Tarik devant l'école:
Manon: On a des devoirs de maths pour demain?
Tarik: Oui. Toi, tu comprends les exercices?
Manon: Non, pas très bien. Et toi?
Tarik: Ah, non. Je suis nul en maths.
Manon: Tu ne peux pas faire les exercices avec tes frères?
Tarik: Si, mes frères sont très forts en maths. Mais le jeudi après-midi, ils ont toujours leur club-photo. Qu'est-ce que tu fais maintenant?
Manon: Moi, je vais chez mémé. Nous attendons tatie Sylvie et nous allons à la piscine ensemble.
Tarik: Écoute, lundi, nous avons une interro de géo. On apprend ensemble la leçon de géo, samedi?
Manon: Non, je vais chez mes cousins à Châtillon. Je prends le train vendredi à 18 heures avec ma mère.

3
1. Lundi, je vais travailler avec mon ami Patrick.
2. Mardi, on ne va pas manger à la cantine parce qu'on va au cirque.
3. Mercredi après-midi, Patrick et Julien vont faire un tour en ville. Alors, je peux aller chez mémé.
4. Jeudi, ils vont préparer leur interrogation. Alors, je suis libre.
5. Vendredi, à 4 heures, Julien va photographier le quartier. Moi, je ne peux pas. J'ai cours jusqu'à 5 heures.
6. Enfin, samedi, nous allons regarder ensemble un film au cinéma.
7. – Et dimanche, papa et toi, vous n'allez pas faire un tour avec les Dubois?
   – Non, nous n'avons pas le temps.

4 1. – Jusqu'à quelle heure est-ce que tu as cours aujourd'hui?
– Aujourd'hui, j'ai cours jusqu'à quatre heures.
2. – Quand est-ce que tu as ton cours de clarinette?
– J'ai mon cours de clarinette demain après-midi.
3. – À quelle heure est-ce que tu rentres jeudi?
– Jeudi, je rentre à trois heures.
4. – Qu'est-ce que tu fais dimanche?
– Dimanche, je vais à la piscine avec Marion.
5. – Pourquoi est-ce que tu es triste?
– Je suis triste parce que je ne trouve plus le cadeau de mon copain.
6. – Il est quelle heure? / Quelle heure est-il?
– Il est sept heures et demie. Vite, on mange!

Vocabulaire Wortschatz

5
1. Julie est forte en maths, mais elle est nulle en allemand.
2. Pendant le cours, les enfants travaillent dans la salle de classe, pendant la récréation, ils jouent dans la cour.
3. La prof de maths pose une question et Valentin répond.
4. Aujourd'hui, Sarah est en avance pour le cours de danse, mais Aurélie est en retard.
5. J'aime le poulet chaud, mais à la cantine, il est toujours froid.
6. Marion est triste parce qu'elle a un six en géographie. Son copain Romain a un dix-huit, il est très content.
7. Le matin, nous prenons le petit-déjeuner à sept heures, le soir, on prépare le dîner à dix-neuf heures.
8. Je vais faire mes devoirs avant le dîner. Après le dîner, je voudrais regarder la télé.

Production de texte Textproduktion

6
1. Le réveil sonne à six heures vingt. À six heures et demie, Juliette et ses parents prennent le petit-déjeuner.
2. À huit heures moins le quart, Juliette prend le bus. Elle est en retard aujourd'hui.
3. À neuf heures, la classe de Juliette a maths. Aujourd'hui, les élèves ont une interrogation. Pour Juliette, c'est l'horreur parce qu'elle ne comprend pas les exercices de maths.
4. À dix heures, pendant la récréation, Juliette est dans la cour avec ses copines. Demain, les filles veulent aller à la piscine.
5. À midi / À douze heures et quart, les élèves sont/mangent à la cantine. Aujourd'hui, il y a des frites. Elles sont bonnes.
6. À dix-sept heures, Juliette rentre. / Il est dix-sept heures. Après les cours, Juliette rentre. Mais d'abord, elle va à la boulangerie et achète un pain au chocolat. Miam miam!

Klassenarbeit B

Compréhension orale Hörverstehen

13 **Le matin**

C'est jeudi matin. Marion et Claire attendent à l'arrêt de bus.

Claire: Pourquoi est-ce que le bus n'arrive pas? Je vais être en retard au cours d'allemand.

Marion: Mais non, Claire, il est huit heures moins vingt-cinq. Le bus arrive à huit heures moins dix-huit. Moi aussi, j'ai allemand, mais à dix heures.

Claire: Qu'est-ce que vous faites en allemand en ce moment?

Marion: On fait le « Perfekt » et vous?

Claire: On fait un texte sur l'école.

Marion: C'est bien?

Claire: C'est intéressant. C'est l'histoire de Florian et de Luisa de Nuremberg, ils sont en « 6. Klasse », ils apprennent le français et ils font un projet avec leurs correspondants de Nice.

...

Antoine: Salut, les filles!

Marion et Claire: Salut, Antoine!

Antoine: Le bus est en retard, non?

Claire: Ben non, il est huit heures moins vingt.

Antoine: Ah bon, à ma montre, il est huit heures moins le quart ... Vous avez cours jusqu'à quelle heure, aujourd'hui?

Marion: Moi, j'ai cours jusqu'à cinq heures. Et toi, Claire?

Claire: Moi, jusqu'à quatre heures.

Antoine: Moi aussi, j'ai cours jusqu'à quatre heures. On rentre ensemble, Claire?

Claire: Non, parce que, après l'école, j'ai mon cours de danse.

6

1

1. Comment est-ce que Marion et Claire vont à l'école?

✔ 

2. Il est quelle heure?

✔ 

3. À quelle heure est-ce que le bus arrive?

✔ 

4. Le cours d'allemand de Marion commence à 10 heures.

5. Dans son cours d'allemand, Claire fait
   - ☐ un projet avec une école en Allemagne.
   - ☑ un texte sur deux élèves d'Allemagne.

6. Marion a cours jusqu'à 5 heures.

7. Claire a cours jusqu'à 4 heures.

8. Antoine a cours jusqu'à 4 heures.

9. Après l'école, Claire
   - [ ] rentre à la maison.
   - [x] fait un cours de danse.
   - [ ] va chez Antoine.

Grammaire Grammatik

2 À sept heures, la mère de Louise entre dans la chambre de sa fille: « Vite, Louise. Tu vas être en retard. »
À sept heures et demie, elles prennent le petit-déjeuner. Louise est contente parce qu'elle va avoir deux heures de dessin. Et Louise est bonne en dessin.
La mère: Quand est-ce que tu vas rentrer aujourd'hui?
Louise: J'ai cours jusqu'à cinq heures.
La mère: Alors, nous allons manger ensemble. Moi, je ne travaille pas tard aujourd'hui. Je vais préparer un poisson ...
Le soir, Louise est triste parce qu'elle a un 5 en allemand. Elle discute avec sa mère:
La mère: Pourquoi est-ce que tu as des problèmes en allemand?
Louise: Je ne sais pas. Je suis nulle en allemand. Pour moi, les exercices ne sont pas simples.
La mère: Pourquoi est-ce que tu ne fais pas tes devoirs d'allemand avec ta copine Inès? Elle est forte en allemand.
Alors, Louise demande à Inès. Inès est d'accord:
Inès: C'est génial! Où est-ce qu'on va travailler? À l'école?
Louise: On peut travailler dans ma chambre.
...
Cinq semaines après, les deux copines sont très contentes. Louise a un 15 à son interro d'allemand!
Louise: Je préfère toujours le dessin, mais les cours d'allemand sont intéressants.

3 Claire et Maxime sont en sixième. Aujourd'hui, ils font les courses ensemble pour le dîner. Maxime attend Claire devant sa maison. Au supermarché, ils prennent des fruits.
Maxime: Tu prends aussi des concombres?
Claire: Oui, je prends des concombres et des poivrons.
Après les courses, Maxime va au conservatoire en bus. Là, il apprend la trompette. Le bus est en retard. Alors, Maxime attend dix minutes.
Maxime: Je rentre à six heures. On peut faire les devoirs ensemble.
Claire: D'accord. D'abord, on apprend la leçon d'allemand. Et après, nous apprenons le poème de Chapouton, d'accord?
Le soir, les deux copains apprennent d'abord le poème. Après, ils prennent leurs livres de maths et ils font les devoirs de maths ensemble.
Maxime: Ah, pour moi, les maths, ce n'est pas simple, mais maintenant je comprends les exercices.

4 1. Le lundi, le réveil de Lucas sonne à 6 heures 30. Le lundi, il a cours à 8 heures.
2. Le mercredi, la mère de Valentin rentre tard parce qu'elle travaille jusqu'à 21 heures.
3. – Tu vas à la piscine, jeudi?
   – Non, le jeudi, j'ai toujours mon cours de danse.

4. – On va au cinéma, dimanche?
   – Non, le dimanche, je suis toujours chez mes grands-parents.

Vocabulaire Wortschatz

5

L	S	U	P	C	C	O	U	R	S
I	E	F	A	B	L	E	E	E	T
V	M	V	G	A	À	P	I	E	D
I	A	L	E	E	N	T	I	N	V
T	I	B	U	L	L	E	T	I	N
E	N	C	E	M	O	M	E	N	T
O	E	N	T	A	L	L	E	R	A
A	P	I	S	C	I	N	E	U	R
C	O	N	S	E	R	V	A	T	D
R	É	C	R	É	A	T	I	O	N
O	I	R	M	O	N	T	R	E	E

1. Aujourd'hui, les élèves apprennent une fable de La Fontaine: La Cigale et la Fourmi.
2. Prenez vos livres à la page 72.
3. Claire est contente: C'est vendredi, la fin de la semaine.
4. À 10 h 15, la sixième C a un cours de maths.
5. Pendant la récréation, les enfants jouent dans la cour.
6. Va au lit, Lucie! Il est déjà tard!
7. Regarde le bulletin de Philippe: Il a un 18 en maths et un 16 en allemand et en français.
8. En ce moment, Adèle n'écoute pas de CD.
9. Aujourd'hui, Victor ne prend pas le bus. Il va à l'école à pied.
10. En cours de dessin, le temps passe vite.
11. Manon regarde sa montre: Il est déjà cinq heures!
12. Mercredi, Élisa va à la piscine avec ses copines.

Le message, c'est: Lucie et Valentin vont aller au conservatoire.

Production de texte Textproduktion

6 Salut Tarik,

Merci pour ton message. Moi, je travaille beaucoup pour l'école.
Le réveil sonne à (6 h 30) et je vais à l'école à (7 h 30). J'ai cours jusqu'à (13 h 00). À (13 h 15), je rentre. À la maison, je mange et après, je fais mes devoirs jusqu'à (16 h 00).
J'aime bien les S.V.T. parce que j'adore les animaux et j'aime bien le français parce que tu es mon corres. Je n'aime pas l'histoire parce que le prof n'est pas sympa et je n'aime pas les maths parce que je suis nul(le) en maths. Je suis bon(ne) en ____ et en ____ mais je suis nul(le) / je ne suis pas bon(ne) en ____ et en ____

Et toi? Jusqu'à quelle heure est-ce que tu as cours? Est-ce que tu aimes aussi les S.V.T. et le français?
J'attends ton message.
À bientôt

____

Entraînement à l'expression orale **Hör- und Sprechtraining**

7 Le matin

14 C'est jeudi matin. Marion et Claire attendent à l'arrêt de bus.

Claire: Pourquoi est-ce que le bus n'arrive pas? Je vais être en retard au cours d'allemand.

Marion: Mais non, Claire, il est huit heures moins vingt-cinq. Le bus arrive à huit heures moins dix-huit. Moi aussi, j'ai allemand, mais à dix heures.

Antoine: Salut, les filles!

Les filles: Salut, Antoine!

Antoine: Le bus est en retard, non?

Claire: Ben non, il est huit heures moins vingt.

Antoine: Ah bon, à ma montre, il est huit heures moins le quart ... Vous avez cours jusqu'à quelle heure, aujourd'hui?

Marion: Moi, j'ai cours jusqu'à cinq heures. Et toi, Claire?

Claire: Moi, jusqu'à quatre heures.

Antoine: Moi aussi, j'ai cours jusqu'à quatre heures. On rentre ensemble, Claire?

Claire: Non, parce que, après l'école, j'ai mon cours de danse.

UNITÉ 7 Lyon, notre ville: un dossier

Klassenarbeit A

Compréhension écrite Leseverstehen

1

1. La famille de Lise vient de Dardilly. ☐ vrai ☑ faux
   Lise vient de Bruxelles.

2. Aurélie habite à Lyon. ☐ vrai ☑ faux
   Aurélie et ses parents habitent à la campagne, à Dardilly.

3. Dardilly, c'est un quartier de Lyon. ☐ vrai ☑ faux
   Aurélie et ses parents habitent à la campagne, à Dardilly, près de Lyon.

4. Le père d'Aurélie travaille à Lyon. ☑ vrai ☐ faux
   Le père d'Aurélie travaille au conservatoire de Lyon.

5. La mère d'Aurélie travaille à Dardilly. ☑ vrai ☐ faux
   Sa mère travaille à la cantine du collège de Dardilly.

6. Le message est pour ☑ les parents de Lise. ☐ Aurélie. ☐ les parents d'Aurélie.
   Voilà un message de Lise à ses parents.

7. Lise aime bien sa semaine dans la famille d'Aurélie. ☑ vrai ☐ faux
   La famille d'Aurélie est super sympa, je l'aime beaucoup.

8. Lise et Aurélie peuvent sortir quand elles veulent. ☑ vrai ☐ faux
   Aurélie et moi, nous sortons quand nous voulons.

9. Lise ne veut pas visiter la ville de Lyon. ☐ vrai ☑ faux
   À Lyon, on visite des tas de trucs: ... j'adore!

10. Lise préfère la vie ☐ à Bruxelles. ☑ à Dardilly. ☐ à Lyon.
    Moi, je préfère être à Dardilly.

11. La famille d'Aurélie habite dans un appartement. ☐ vrai ☑ faux
    Les parents d'Aurélie ont une maison.

12. La famille d'Aurélie a un jardin. ☑ vrai ☐ faux
    Quand il fait chaud on peut sortir dans le jardin.

13. Lise va rentrer en ...
    À samedi, à six heures dix à la gare.

☐ 

☑ 

☐ 

Grammaire Grammatik

2 Lundi soir, il y a un cirque à Lyon. Amélie et Éléna veulent acheter des places. Les deux filles demandent à leurs parents. Ils disent oui. Amélie et Éléna sont très contentes: Lundi, elles sortent! Et … leur copine Sarah vient aussi.

Lundi soir, Amélie et Éléna sortent de la maison à 18 heures 20. Leur bus part à 18 heures 30. Le spectacle est à 19 heures. Sarah les attend à l'arrêt de bus.

Quand elles rentrent, les parents posent beaucoup de questions à leurs filles: Amélie parle du clown, Éléna parle des éléphants.

Mardi matin, au collège, les trois filles répondent aux questions de leurs copains.

Pendant le cours d'allemand, elles n'écoutent pas. Elles rêvent. La prof dit: Hé, les filles, vous m'entendez? Aujourd'hui, l'allemand, ça ne vous intéresse pas? Alors, racontez une histoire de cirque à vos copains.

Amélie: Gestern war ich im Zirkus …

3

1. – Tu vas au marché et tu achètes des andouillettes pour le dîner, s'il te plaît.
   – Je vais les acheter chez M. Bouchard. Je n'aime pas les andouillettes du marché.
2. – Tu ne trouves pas la photo des correspondants?
   – Non, je ne la trouve pas. Elle est peut-être dans le carton sur l'étagère de ma sœur.
3. – Alors, Victor, tu peux raconter la fin de la légende?
   – Ah, je ne sais pas. La fin, je ne la comprends pas.
4. – Est-ce que tu comprends l'exercice d'allemand?
   – Oui, je le comprends. Il est très simple.
5. – Pardon, madame, où est M. Corbeau?
   – M. Corbeau? Il est dans le bureau du chef.
6. – Paul, on va à la cantine ensemble?
   – Oui, j'arrive dans cinq minutes.
   – Alors, je t'attends dans la cour.
7. – Tu as déjà un cadeau d'anniversaire pour Clara?
   – Non, mais aujourd'hui, je vais aux Galeries Lafayette. Clara aime les bédés?
   – Elle ne les aime pas trop, elle préfère les romans-photo.
8. – Lucie et Manon, vite! Romain nous/vous attend en face de l'école.
9. – Fabienne, est-ce que la musique t'intéresse?
   – Oui, je prends des cours de clarinette au conservatoire.
10. – Pardon, monsieur, je cherche le parc de la Tête d'Or.
    – Le parc de la Tête d'Or, ce n'est pas loin. Vous le trouvez près du fleuve.
11. – Louis, tu aimes la géo?
    – Ah, la géo, ça ne m'intéresse pas trop. Je préfère le dessin.

Vocabulaire Wortschatz

4

1. Les policiers cherchent le bandit dans le quartier de Fourvière.
2. – Vous voulez entrer, mademoiselle? – Non, merci, je veux sortir.
3. Lisa va arriver à trois heures et elle va partir à six heures.
4. Nicolas adore le foot, mais il déteste le handball.
5. M. Ricard travaille, mais sa femme est au chômage.
6. Les Deloffre ont deux enfants. Leur fille s'appelle Myriam, leur fils Daniel.
7. La bédé de Pauline est très drôle. La légende de Paul est un peu triste.
8. Emma aime la ville, mais son copain Baptiste préfère la campagne.
9. À Avignon, il fait chaud. Mais à Berlin, il fait froid.
10. Notre voisin n'est pas méchant, il est très sympa.

Production de texte Textproduktion

5 1. – Bonjour, madame, je fais une interview sur Lyon pour mon collège/école en Allemagne. Est-ce que vous aimez Lyon?
2. – J'aime beaucoup / J'adore ma ville.
3. – Qu'est-ce que vous aimez à Lyon?
4. – J'adore les parcs et les jardins. Le dimanche, je vais toujours au Jardin des plantes. Et puis, j'aime beaucoup les cinémas et les restaurants.
5. – Est-ce que vous visitez aussi les musées de Lyon?
6. – Je suis désolée, mais les musées ne m'intéressent pas. Mais je fais souvent des tours/ promenades en ville. Et toi, qu'est-ce que tu aimes à Lyon?
7. – (Moi,) j'aime (beaucoup) les deux fleuves et le marché aux puces.
8. – Est-ce que tu veux poser encore beaucoup de questions? Je n'ai plus le temps.
9. – Non, merci. Au revoir, madame.
– Au revoir.

Klassenarbeit B

Compréhension orale Hörverstehen

15 **Je cherche la rue Garibaldi**

Jeune fille 1: Pardon, monsieur, je cherche la rue Garibaldi.
Homme 1: Je ne sais pas, je ne suis pas de Lyon. Demandez au monsieur.
Jeune fille 1: Pardon, monsieur, la rue Garibaldi, s'il vous plaît?
Homme 2: La rue Garibaldi ... Attendez ... Pfff ... Je ne sais pas et je n'ai pas de plan. Désolé.
Jeune fille 1: Pardon, je cherche la rue Garibaldi.
Jeune fille 2: Oh là là, c'est loin, prends le bus.
Jeune fille 1: C'est le numéro ...?
Jeune fille 2: Je ne sais pas ... Demande au garçon, là-bas.
Jeune fille 1: Bonjour, je cherche la rue Garibaldi.
Garçon: Désolé, je n'ai pas le temps.
Dame: Vous cherchez quelque chose, Mademoiselle?
Jeune fille 1: Oui, la rue Garibaldi.
Dame: Vous visitez la ville?
Jeune fille 1: Oui, je suis ici pour une semaine.
Dame: Vous venez d'où?
Jeune fille 1: Je viens de Meaux. C'est près de Paris.
Dame: Et vous aimez Lyon?
Jeune fille 1: J'aime bien, c'est sympa.
Dame: Et qu'est-ce que vous aimez à Lyon?
Jeune fille 1: La place des Terreaux, la place Bellecour, les rues avec les magasins, les cafés, le quartier de la Croix-Rousse ...
Dame: Visitez aussi le musée de Guignol. Il est très intéressant. C'est près d'ici. C'est à cinq minutes à pied. Au revoir, mademoiselle!
Jeune fille 1: Mais ... la rue Garibaldi, c'est où?

1

1. Le Monsieur n° 1
   - [ ] ne répond pas.
   - [x] n'est pas de Lyon.
   - [ ] n'a pas le temps.

2. Le Monsieur n° 2
   - [ ] n'est pas de Lyon.
   - [x] n'a pas de plan.
   - [ ] n'a pas le temps.

3. La fille dit:
   - [ ] « Je n'ai pas le temps. »
   - [ ] « Prends le bus n° 13. »
   - [x] « Demande au garçon. »

4. Le garçon
   - [ ] n'a pas de plan.
   - [x] n'a pas le temps.
   - [ ] n'est pas de Lyon.

5. La dame dit: « Visitez ... »
   - [ ] la place des Terreaux.
   - [x] le musée de Guignol.
   - [ ] le quartier de la Croix-Rousse.
   - [ ] la place Bellecour.

6. À la fin, la dame montre la rue Garibaldi à la touriste.
   - [ ] vrai - [x] faux

Grammaire Grammatik

2 Leo Wagner a douze ans. Il vient de la campagne, de Raubling. C'est près de Rosenheim.
Leo a un correspondant en France, c'est Frédéric Villiers de Lyon.
En ce moment, Leo et ses parents sont chez la famille du correspondant de Leo.
Les Wagner adorent Lyon: Ils font des promenades sur les quais de la Saône, ils regardent les vitrines des magasins, ...
Mme Wagner prend beaucoup de photos: des photos du quartier de la Croix-Rousse, du parc de la Tête d'Or, de la place Bellecour, des collines de Lyon ... Mais elle prend aussi des photos de l'appartement des Villiers.
Les Wagner restent à Lyon pendant une semaine. Puis, ils partent pour l'Allemagne.
À la maison, Mme Wagner montre les photos à sa copine Valérie de Marseille:

Là, je sors des Galeries Lafayette.

Voilà Otto et Leo. Ils sortent du musée de Guignol.

Et voilà Otto. Il vient du marché aux puces.

Et voilà nos deux familles: Là, nous sortons du restaurant. C'est le restaurant de Madeleine, la grand-mère de Frédéric.

3
1. – Où est-ce que nous attendons / qu'on attend Camille?
   – Je ne sais pas. Demande à ma mère.
2. – Quand est-ce que tu parles à la prof de géo(graphie)?
3. Valentin raconte l'histoire de Fantômas aux correspondants.
4. – Alexis, réponds à ta grand-mère, s'il te plaît.

Vocabulaire Wortschatz

4 **a**

1. la rue – la traboule – l'immeuble – l'allée
   Immeuble passt nicht in die Reihe, da es sich um Bezeichnungen für Straßen handelt.
2. détester qc – adorer qc – raconter qc – aimer qc
   Raconter passt nicht in die Reihe, da es sich um Verben handelt, die ausdrücken, dass man etwas mag / nicht mag.
3. avoir faim – manger – retrouver qn – le dîner
   Retrouver passt nicht in die Reihe, da es sich um Wörter handelt, die mit dem Thema „Essen" zu tun haben.
4. le quai – la vérité – le pont – la gare
   Vérité passt nicht in die Reihe, da es sich um Bezeichnungen für Orte in einer Stadt handelt.

b

1. Je t'attends devant l'immeuble.
2. Paul aime raconter des histoires.
3. Julie retrouve ses copains à la piscine.
4. Elle dit toujours la vérité.

7

Production de texte Textproduktion

5 Lyon est une ville entre deux fleuves, le Rhône et la Saône. C'est la ville de Guignol et de la soie. L'aviateur Antoine de Saint-Exupéry, le savant Ampère, mais aussi le bandit Fantômas sont de Lyon. On peut visiter le centre-ville, le quartier de la Croix-Rousse avec le Gros Caillou ou le musée de Guignol. On peut faire des promenades sur les quais de la Saône. À Lyon, on trouve aussi beaucoup de parcs et de jardins: le parc de la Tête d'Or, le Jardin des plantes ... Les gens à Lyon sont sympa. Les restaurants sont bons: on peut manger des andouillettes. On peut aussi aller au restaurant de Paul Bocuse.
Moi, j'aime le marché aux puces / je voudrais aller au marché aux puces du dimanche et je voudrais visiter le Gros Caillou.

Entraînement à l'expression orale Hör- und Sprechtraining

6 *Touriste:* Pardon, monsieur, je cherche la rue Garibaldi.
16 *Monsieur n° 1:* Je ne sais pas, je ne suis pas de Lyon. Demandez au monsieur.
Touriste: Pardon, monsieur, la rue Garibaldi, s'il vous plaît?
Monsieur n° 2: La rue Garibaldi ... Attendez ... Pfff ... Je ne sais pas et je n'ai pas de plan. Désolé.
Touriste: Pardon, je cherche la rue Garibaldi.
Fille: Oh là là, c'est loin, prends le bus.
Touriste: C'est le numéro ...?
Fille: Je ne sais pas ... Demande au garçon, là-bas.
Touriste: Bonjour, je cherche la rue Garibaldi.
Garçon: Désolé, je n'ai pas le temps.
Dame: Vous cherchez quelque chose, mademoiselle?
Touriste: Oui, la rue Garibaldi.
Dame: Vous visitez la ville?
Touriste: Oui, je suis ici pour une semaine.
Dame: Vous venez d'où?
Touriste: Je viens de Meaux. C'est près de Paris.
Dame: Et vous aimez Lyon?
Touriste: J'aime bien, c'est sympa.
Dame: Et qu'est-ce que vous aimez à Lyon?
Touriste: La place des Terreaux, la place Bellecour, les rues avec les magasins, les cafés, le quartier de la Croix-Rousse ...
Dame: Visitez aussi le musée de Guignol. Il est très intéressant. C'est près d'ici.
C'est à cinq minutes à pied. Au revoir, mademoiselle!